MON GRAND LIVRE DE TRAVAUX CRÉATIFS

Original Spanish title : *Papel maché, Plastilina, Piedras y objetos, Materiales de reciclaje*
Original edition : © Parramon Ediciones, S.A. Barcelona, España

Cette édition par Chantecler, Belgique-France
Traduction française : Monique Schleiss
D-MMIV-0001-246
Imprimé en Belgique.

MON GRAND LIVRE DE TRAVAUX CRÉATIFS

CHANTECLER

Papier mâché 8

Pâte à modeler 38

Perles, pierres et autres trésors 68

Matériel d'emballage 98

Papier mâché

Source inépuisable d'activités, le papier mâché est le matériau idéal pour réaliser des projets très décoratifs avec des moyens simples.

Le papier mâché désigne du papier déchiqueté en petits morceaux, qui est ensuite mélangé avec de la colle à papier peint.

Il peut être fabriqué à partir de toutes sortes de papiers : du papier journal, des revues, du papier de couleur, du papier cadeau, du papier de soie, etc. C'est le papier journal qui est le plus souvent utilisé, car c'est le moins cher et le plus écologique.

On utilise aussi de la colle préparée à base de fibre de papier, qui est fabriquée spécialement pour le travail du papier mâché. On peut aussi acheter la base pour la fabrication du papier mâché. Il s'agit d'une poudre ou de flocons plats de papier moulu. Cette base contient déjà de la colle et de l'eau. On la mélange ensuite encore avec de l'eau, ce qui la rend très facile à travailler.

Ce chapitre propose douze idées faciles à réaliser en papier mâché : un fantôme, une fusée, un pot coloré… À partir de ces éléments, les enfants peuvent laisser libre cours à leur fantaisie et inventer d'autres objets. Pour chacun, une variante est proposée qui permet d'apporter un plus au projet initial ou de le transformer.

Certains projets sont plus faciles que d'autres à réaliser. Il y a trois degrés de difficulté. D'après le stade de développement de l'enfant et/ou selon la taille et la composition du groupe d'enfants, vous pourrez déterminer le projet qui convient le mieux.

Astuces et techniques

Ce sont surtout les plus petits qui aiment travailler avec du papier mâché. Le fait d'arracher, de déchirer, de coller et de lisser sont des activités qui amusent particulièrement les enfants.

Réalisation du papier mâché

Pour la majorité des projets présentés dans ce livre, il suffit de disposer de bandelettes de papier qui ont été trempées dans de la colle. Elles sont ensuite tendues sur une forme ou support, par exemple une assiette ou un ballon à gonfler. Cette technique est adaptée aux pièces plus grandes. Pour des pièces plus petites, il faut préparer une masse de modelage. Pour cela, on emploie de la colle à papier peint et de vieux journaux ou des boîtes à œufs en carton. Le papier est déchiré en petits morceaux, qui sont arrosés d'eau chaude, de manière que le tout soit bien trempé. On laisse ensuite cette masse gonfler pendant deux à trois jours. Puis la bouillie ainsi obtenue est mélangée et pétrie jusqu'à ce qu'il ne subsiste aucun morceau et que la pâte soit bien lisse. Cette masse est alors pressée pour éliminer l'excès d'eau. Pour terminer, on ajoute autant de colle à papier peint qu'il est nécessaire pour que le mélange soit facile à travailler. La bouillie doit encore reposer deux heures.

Si la masse se décompose lors du pétrissage, il suffit de rajouter de la colle. Si elle est trop humide, il faut alors ajouter un peu de bouillie de papier pressé.

Les techniques
Il y a différentes manières de travailler. Comme support, on peut employer un objet synthétique, en pâte à modeler ou un grillage. Le papier est déchiré en fines bandelettes, enduit au pinceau de colle à papier peint liquide ou plongé dans un récipient contenant de la colle. Ce papier encollé est ensuite placé sur le support, par exemple un ballon, et lissé. Le ballon est recouvert petit à petit de fines bandelettes. Elles doivent se chevaucher légèrement, il est même conseillé de prévoir plusieurs couches. Il ne faut pas non plus oublier de rappeler aux enfants de lisser chaque bandelette.
Si les sujets à réaliser en papier mâché sont assez petits, on modèlera la pâte de papier comme de la pâte à modeler.
Les travaux réalisés nécessitent plusieurs jours de séchage.

Décorer et peindre
On peut employer du papier de couleur (papier de soie ou semblable), qui est également collé avec de la colle à papier peint sur la forme. Les travaux auront une belle apparence brillante. On peut également peindre le projet avec de la peinture (à l'eau, gouache). Pour certains exemples, le travail terminé est recouvert d'un enduit de lissage spécial qui permet d'obtenir une surface bien lisse et qui se laisse plus facilement mettre en couleur. Enfin, une couche de vernis incolore rendra les objets plus résistants et donnera un éclat supplémentaire aux couleurs.

Bon amusement grâce au papier mâché !

Fantôme

Ce gentil fantôme, réalisé en un tournemain, protégera les enfants sages pendant la nuit.

1 Réalise le support du fantôme dans de la pâte à modeler.

2 Plonge les morceaux de papier dans un plat contenant de l'eau et de la colle à papier peint. Quand ils sont bien humides, recouvres-en la pâte à modeler. Lisse soigneusement chaque bande.

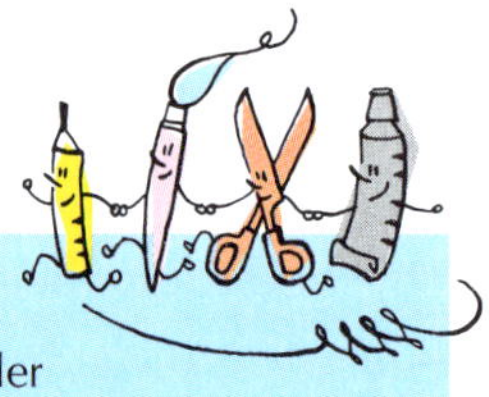

Matériel

- pâte à modeler
- papier grossier
- colle à papier peint
- enduit de lissage
- peintures bleue, noire et blanche
- plusieurs pinceaux
- ciseaux

3 Quand le papier est tout à fait sec, retire la base en pâte à modeler. Découpe le bord inférieur aux ciseaux pour l'égaliser.

4 Passe une couche d'enduit et laisse sécher le tout. Peins ensuite la figurine en bleu ciel.

Ton fantôme est-il gai ou triste ? À toi de choisir et de lui trouver un nom !

5 Dessine les yeux, les sourcils et la bouche avec des peintures blanche et noire, termine par la chaîne et le boulet.

Variante

Crée toute une famille en réalisant de nombreux fantômes, petits et grands, que tu peindras ensuite dans différentes couleurs.

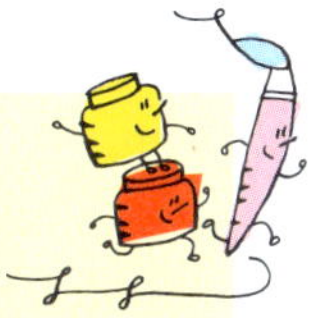

Oiseau

Cet oiseau rigolo décorera ta chambre.

Matériel

- papier journal
- fil de fer souple
- papier grossier
- papiers de soie jaune, vert et orange
- colle à papier peint
- pinceau
- ruban adhésif
- ciseaux
- pâtes à modeler blanche, rouge et orange

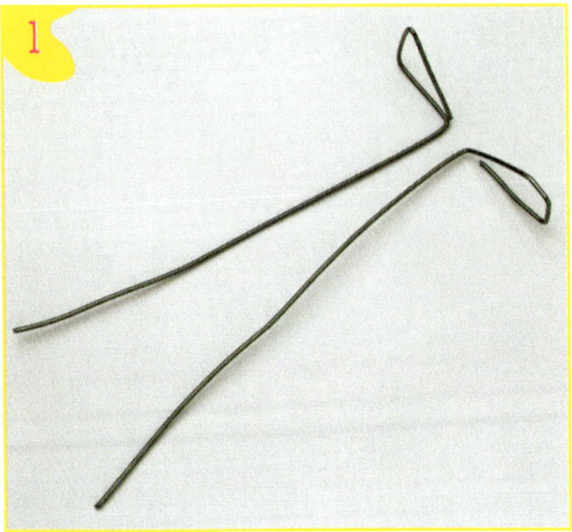

1 Coupe deux morceaux de fil de fer de 15 cm de long chacun et forme un petit triangle à chaque extrémité, pour faire les pattes de l'oiseau.

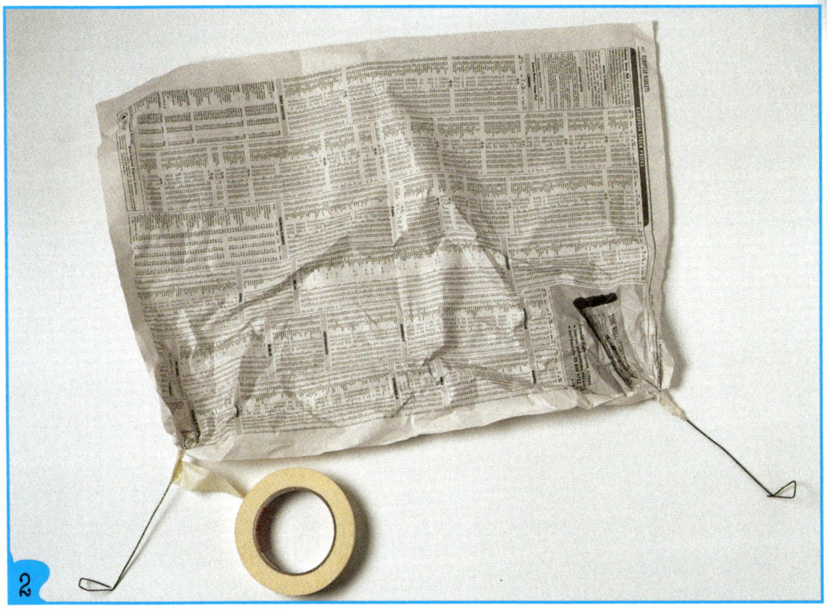

2 Fixe les deux pattes avec du ruban adhésif aux deux coins inférieurs d'une feuille de papier journal.

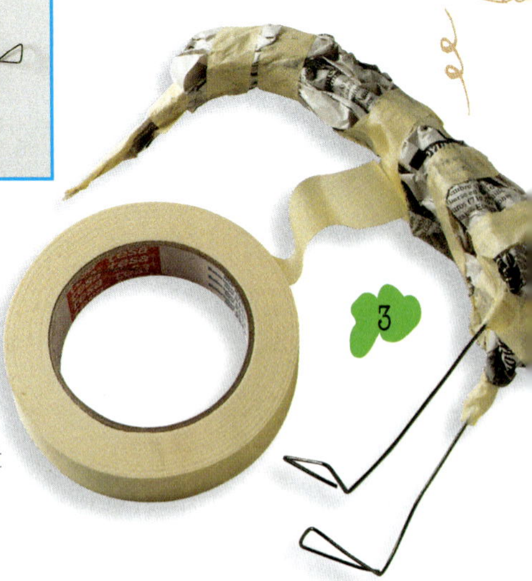

3 Pour le corps et la tête de l'oiseau, roule le papier journal sur lui-même pour lui donner une forme comme sur l'illustration et fixe-le avec le ruban adhésif. Cela servira de support.

4 Recouvre le corps, la tête, le bec et les pattes en fil de fer avec des morceaux de papier grossier, préalablement trempés dans de la colle à papier peint. Réalise les ailes et la queue de la même manière et fixe-les au corps.

5 Quand le papier grossier est sec, enduis des morceaux de papier de soie de couleur jaune, verte et orange de colle à papier peint et recouvres-en tout l'oiseau.

6 Forme les yeux à partir de trois boules en pâte à modeler. Colle d'abord la boule orange, puis la rouge et enfin la blanche, puis fais un petit trou avec l'extrémité des ciseaux. Presse légèrement les yeux terminés sur la tête de l'oiseau.

Quel oiseau coloré ! Pourquoi ne pas façonner d'autres animaux ?

Variante

Pour rendre l'oiseau plus stable, colle les pieds sur une plaque en carton ou en bois.

Mont-golfière

Envie de faire le tour du monde en montgolfière ? N'oublie pas d'emmener ta peluche préférée !

1 Gonfle un ballon (pas trop fort), fais un nœud et recouvre-le de bandes de papier de couleur déchirées et encollées. À l'extrémité inférieure, laisse une zone libre.

Matériel

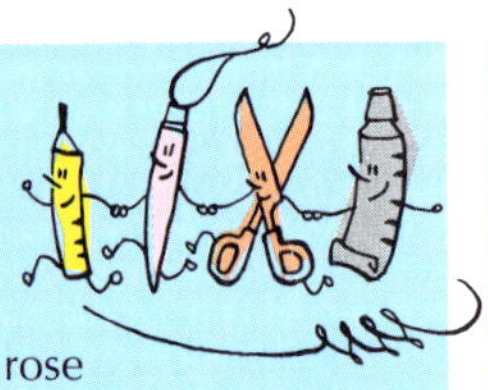

- ballon à gonfler
- verre
- papiers vert, rose et lilas
- papier grossier
- colle à papier peint
- peintures orange et rouge
- plusieurs pinceaux
- cordelette rouge
- poinçon
- ruban adhésif
- ciseaux

2 Quand le dôme est sec, fais éclater le ballon et perce un petit trou dans la partie supérieure avec le poinçon. Passe la cordelette rouge dans le trou et fais un nœud à l'intérieur.

3 Pour réaliser la nacelle, recouvre l'intérieur d'un verre avec des morceaux de papier grossier encollés.

4

4 Quand le papier est sec, retire la nacelle du verre et peins-la en orange avec des bandes rouges.

5

5 Coupe quatre bouts de cordelette de 20 cm de long et relie la montgolfière à la nacelle. Fixe à chaque fois la ficelle à l'intérieur avec du ruban adhésif, ou bien perce des petits trous et fais un nœud.

Suspendue au plafond, cette montgolfière est une invitation à un voyage de rêve.

Variante

Enroule la corde autour de la nacelle et accroche des sacs de sable réalisés en papier de soie. Tu les attacheras avec la cordelette rouge.

Cintre rigolo

Ce cintre très décoratif conviendra certainement à ton chandail préféré.

1 Recouvre tout le cintre de morceaux de papier journal encollés, sans laisser de trous.

2 Quand le cintre est recouvert d'une épaisse couche de papier, recouvre-le d'une dernière couche de papier brillant jaune.

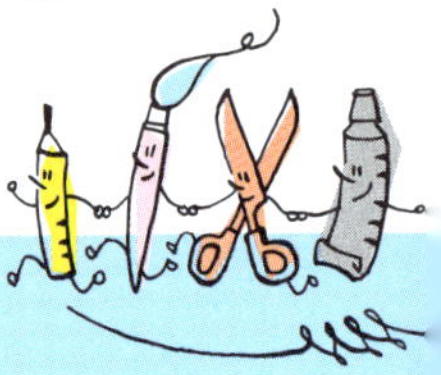

Matériel

- cintre
- papier journal
- papier brillant jaune
- papiers blanc et lilas
- colle à papier peint
- pinceau
- ciseaux
- feutre noir

3 Dessine un cou, une poche et quatre boutons sur la feuille de papier blanc.

4 Sur une feuille de papier lilas, dessine un col de chemise et une longue bande, sur laquelle les boutons seront collés. Dessine également quelques bandes étroites pour la poche et quelques cercles pour le motif de la chemise.

5 Enduis les morceaux de papier lilas avec de la colle et colle-les sur le cintre recouvert de papier jaune. La chemise est terminée. Pour finir, repasse une couche de colle sur toute la surface.

Ce joli cintre apportera une note de couleur et de gaieté dans ta garde-robe.

Variante

Pour que le cintre soit encore plus beau, ajoute une cravate, un nœud papillon, des rubans ou d'autres motifs décoratifs.

Diablotin

Ce diablotin se révélera un compagnon de jeu amusant.

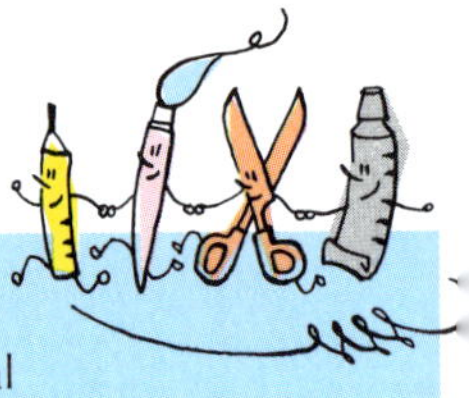

Matériel

- papier journal
- poudre de papier mâché
- colle universelle
- colle à bois
- enduit de lissage
- peintures rouge, blanche et noire
- plusieurs pinceaux
- papier cartonné (orange)
- feutrine rouge
- feuille de papier d'aluminium
- ruban adhésif
- ciseaux
- aiguille
- fil à coudre noir
- bâton de colle
- feutre noir

1 Pour la forme de base de la tête, forme une boule avec du papier journal et fixe-la avec du ruban adhésif à un petit anneau en papier cartonné orange.

2 Recouvre la boule avec des bandelettes de papier journal encollées.

3 Dans la poudre de papier mâché, forme le nez et les cornes du diable et recouvre le tout d'une couche d'enduit de lissage. Laisse sécher.

4 Peins la tête en rouge et dessine les yeux et la bouche en blanc et noir.

5 Pour l'habit du diable, plie un morceau de feutrine en son centre et dessine la forme de manière que les épaules se trouvent sur la ligne de pliure. Découpe le manteau.

6 Couds les côtés ensemble avec le fil noir. Laisse ouverts les emplacements pour la tête, les mains et la partie inférieure.

7 Découpe des flammes dans du papier cartonné orange et colle-les avec un bâton de colle sur le bord inférieur du manteau.

8 Modèle les mains du diablotin dans la poudre de papier mâché et laisse sécher.

9 Peins les mains en rouge.

10 Fabrique un trident avec de fines bandelettes de papier journal et du ruban adhésif.

11 Recouvre complètement le trident avec du papier d'aluminium.

12 Colle la tête et les mains avec de la colle à bois au manteau et fais deux entailles pour le trident.

Ce diablotin est prêt à jouer des petits tours à toute ta famille !

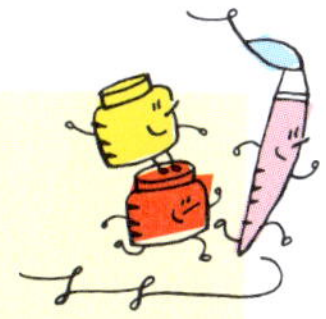

Variante

Crée d'autres figures à l'aide de cette technique. Pour faciliter la réalisation, fais les habits en papier d'aluminium ou en papier crépon.

Pot coloré

En utilisant un bol en plastique comme base, réalise ce pot coloré. Si le bord se révèle trop difficile, ne le fais pas.

1 Recouvre la partie intérieure du bol en plastique avec des bandes encollées. Enduis ensuite à nouveau les bandelettes de colle, pour que la couche suivante tienne mieux. Applique plusieurs couches.

2 Quand la couche de papier se révèle suffisamment épaisse, plie les extrémités vers l'intérieur.

3 Quand le papier est sec, retire le récipient du plat en plastique et modèle un bord épais en poudre de papier mâché.

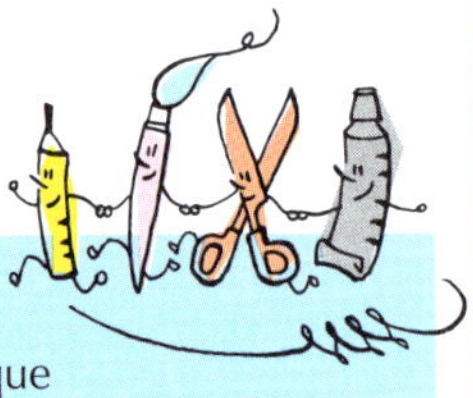

Matériel

- bol en plastique
- papier journal
- poudre de papier mâché
- colle
- enduit de lissage
- peintures bleue, blanche et orange
- plusieurs pinceaux

4 Étale une couche d'enduit à l'aide d'un pinceau. Quand tout est sec, peins le pot en orange et le bord en bleu avec de fines bandes blanches.

5 Pour décorer le pot, applique tout simplement avec le bout des doigts des points bleus et blancs.

Ce pot accueillera tes petits jouets, tes feutres ou d'autres petits objets.

Variante

D'autres objets peuvent servir de forme de base, par exemple des assiettes en plastique.

Fusée

As-tu envie de devenir astronaute ? Voici déjà comment construire ta fusée.

Matériel

- 2 rouleaux de papier toilette
- papier grossier
- papier journal
- colle
- évent. ruban adhésif
- enduit de lissage
- peintures rouge, blanche, noire et orange
- plusieurs pinceaux
- cure-dent
- ciseaux

1 Forme une boule avec le papier journal. Fixe-la à la partie supérieure d'un rouleau à l'aide de bandes encollées de papier grossier.

2 Pour les pieds de la fusée, découpe un deuxième rouleau en morceaux, comme sur l'illustration.

3 Colle les trois pieds à la fusée avec du ruban adhésif et du papier grossier encollé. Ajoute une couche supplémentaire de papier encollé, pour bien faire tenir le tout.

4 Quand la fusée est sèche, peins le cure-dent en noir et pique-le dans la pointe. Recouvre ensuite la fusée d'enduit, laisse-la sécher et peins-la en blanc.

5 Décore la fusée avec des carrés rouges, peins l'extrémité supérieure en noir et la partie inférieure des pieds en orange, pour représenter les flammes !

9, 8, 7, 6, 5, 4, 3, 2, 1, 0... Direction la lune !

Variante

Si la fusée est fermée dans le bas et qu'une fente est découpée vers le haut, elle se transforme en tirelire.

Tortue

Un carton à œufs se transforme en carapace de tortue.

Matériel

- boîte à œufs en carton
- papier journal
- papier grossier ou carton
- colle à papier peint
- peintures blanche, verte, jaune, noire et rouge
- plusieurs pinceaux
- ruban adhésif
- ciseaux

1 Découpe les quatre pattes et la queue de la tortue dans un morceau de papier grossier. Colle deux pieds de chaque côté de la boîte et la queue à une extrémité.

2 Forme la têt de la tortue l'aide de bandes de papier journal et d ruban adhésif.

3 Fixe la tête à l'intérieur de la boîte à l'aide du ruban adhésif, ferme la boîte et recouvre le raccord avec du papier journal encollé.

4 Quand tout est sec, peins la tête et les pattes de la tortue en vert.

5 Pour terminer, dessine les griffes, les yeux et la bouche de la tortue, peins la carapace en orange et décore-la de motifs verts et jaunes.

Et voilà, ta tortue est prête... Lentement, mais sûrement !

Variante

Si la boîte n'est pas fermée, ta tortue se transforme en coffre à trésor.

Tête de poupée

Cette poupée courageuse se redresse à chaque fois !

1 Couvre l'intérieur d'une demi-sphère de pâte à modeler.

2 Place l'autre moitié de la demi-sphère de manière à obtenir une sphère complète. Fixe avec du ruban adhésif.

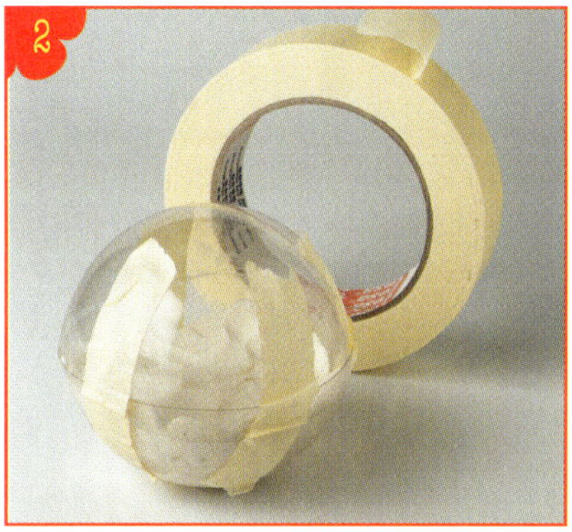

3 Recouvre toute la sphère avec des bandelettes de papier encollé.

Matériel

- 2 demi-sphères en plastique
- pâte à modeler
- papier grossier
- colle à papier peint
- peintures bleue, rouge, verte, blanche, orange, noire et rose
- plusieurs pinceaux
- ruban adhésif
- ciseaux
- boîte à œufs

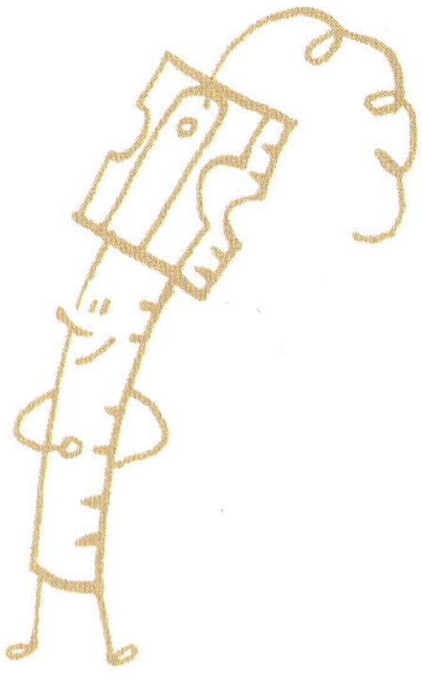

4 Quand le papier est sec, peins la partie supérieure de la sphère en rose et la partie inférieure en bleu.

5 Dessine un visage sur la moitié supérieure de la poupée et son habit sur la partie inférieure.

6 Pour le chapeau, découpe une case de la boîte à œufs et peins-la. Colle ce chapeau avec un peu de colle sur la tête. Si ta poupée ne reste pas debout, place du papier mâché au bon endroit pour qu'elle trouve son équilibre.

Peu importe que tu la heurtes, ta poupée ne se renversera jamais !

Variante

Il est aussi possible de réaliser la partie inférieure de la poupée en pâte à modeler et la partie supérieure en papier journal chiffonné. Recouvre ensuite le tout avec du papier encollé.

Masque de clown

Ce masque de clown rigolo est facile à réaliser avec du papier journal et un ballon.

Matériel

- ballon à gonfler
- papier journal
- poudre de papier mâché
- guirlande de papier vert ou papier de soie
- élastique noir
- colle
- bâton de colle
- enduit de lissage
- différentes peintures
- plusieurs pinceaux
- ciseaux
- poinçon
- cutter

1 Gonfle le ballon et fais un nœud. Recouvre la moitié du ballon de bandes de papier encollées. Pose plusieurs couches et enduis bien de colle entre chaque couche.

2 Quand le papier est sec, fais éclater le ballon et découpe les bords du masque de manière régulière.

3 Forme une demi-sphère avec la poudre de papier mâché et colle-la au milieu, pour faire le nez du clown.

4 Fais-toi aider d'un adulte pour dessiner les yeux et les découper au cutter. Avec le poinçon, perce deux trous sous le nez pour respirer et découpe un trou pour l'élastique de chaque côté.

5 Recouvre tout le masque d'une couche d'enduit. Quand c'est sec, décore selon ta fantaisie.

6 Pour les cheveux, fixe sur la tête deux guirlandes de papier vert ou des bandelettes de papier de soie avec un bâton de colle.

7 Passe l'élastique à travers les deux trous latéraux et fais des nœuds.

Grâce à ce masque, tu seras vite déguisé ! Plaisir garanti !

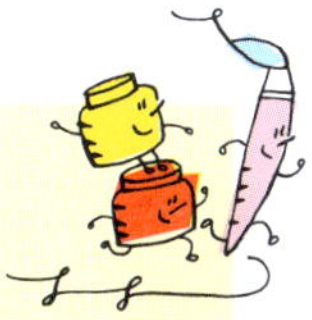

Variante

Avec d'autres formes, crée des monstres, des animaux, ou imagine d'autres visages.

Voiture

Cette voiture est réalisée à partir de rouleaux de papier toilette et de papier journal.

1 Place trois rouleaux de papier toilette côte à côte et deux autres au-dessus. Colle le tout ensemble et fais-le tenir avec des pinces à linge jusqu'à ce que la colle soit sèche.

2 Déchire le papier journal en bandes, enduis-les de colle et recouvre les cinq rouleaux.

Matériel

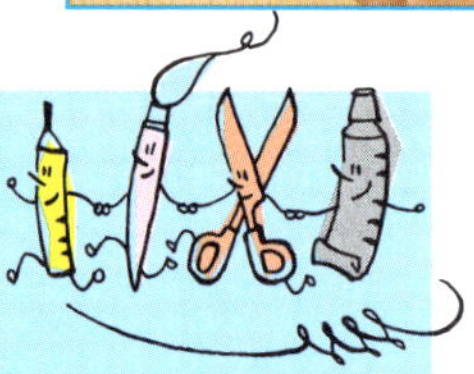

- 5 rouleaux de papier toilette
- papier journal
- colle à papier peint
- enduit de lissage
- peintures verte, noire, blanche et jaune
- plusieurs pinceaux
- pinces à linge

3 Recouvre le tout d'enduit. Laisse sécher la voiture et peins-la ensuite en vert.

4 Dessine les vitres et la plaque minéralogique (avant et arrière) avec de la peinture blanche.

5 Dessine les derniers détails de la voiture avec du noir, et les phares avant et arrière en jaune.

À vos marques, prêts pour le départ ! Qui va gagner la course sur le tapis ?

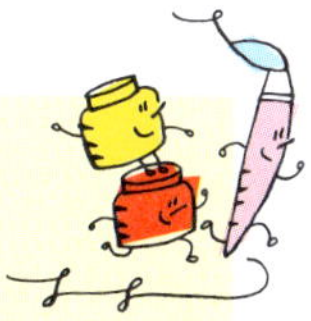

Variante

À l'aide d'autres rouleaux de papier toilette et de boîtes en carton, tu pourras créer des camions, des remorques, des caravanes, des tracteurs...

Joli chapeau

Une assiette creuse, du papier de couleur et un peu d'imagination... voici un élégant chapeau.

Matériel

- assiette creuse
- papier lilas
- carton jaune
- papier journal
- colle à papier peint
- colle à bois
- peintures blanche et verte
- plusieurs pinceaux
- ruban adhésif
- ciseaux

1 Dans le papier lilas, découpe de nombreuses bandes légèrement plus longues que le diamètre de l'assiette.

2 Recouvre l'assiette d'une première couche de bandes de papier, puis ajoute deux à trois couches encollées.

3 Quand tout est sec, retire l'assiette et découpe le bord de manière à obtenir un beau cercle. Fais des entailles sur le pourtour, ce seront les franges.

4 Pour la tige de la fleur, tourne du papier journal sur lui-même pour en faire une fine saucisse. Enveloppe la tige de ruban adhésif et termine-la par une boule de papier journal peinte en blanc.

5 Dessine plusieurs pétales de fleur sur la feuille de carton jaune, découpe-les et colle-les autour du cœur de la fleur.

6 Peins la tige en vert. Colle la fleur et sa tige sur le chapeau.

Pour qui est ce chapeau élégant ?

Variante

Tu peux aussi décorer ce chapeau avec un nœud papillon ou un autre motif !

Pâte à modeler

La pâte à modeler est facile à transformer et offre de nombreuses possibilités.
Elle est prête à l'emploi et ne nécessite aucune préparation. Elle se laisse travailler les mains nues ou avec des outils très simples, comme un couteau en plastique, un rouleau à pâtisserie en bois ou de fines piques en bois. Les enfants aiment beaucoup travailler ce matériau, car il se laisse facilement mettre en forme et s'adapte à leur imagination.
En outre, le modelage, la mise en forme, l'étirage et la réunion des différentes parties avec les mains développent la dextérité et le sens du toucher. La perception des choses par le toucher est d'ailleurs souvent trop limitée dans notre monde axé sur les stimuli visuels.

Ce chapitre propose douze projets faciles avec de la pâte à modeler : un sous-verre, un cintre, un embout de crayon, des colliers, un magnet… Les enfants imagineront certainement une foule d'autres projets à partir de ces quelques idées. Pour chaque réalisation, on trouve une variante qui permet d'apporter un plus au projet initial ou de le transformer.

Certains projets sont plus faciles que d'autres à réaliser. Il y a trois degrés de difficulté. D'après le stade de développement de l'enfant et selon la taille et la composition du groupe d'enfants, vous pourrez déterminer le projet qui convient le mieux.

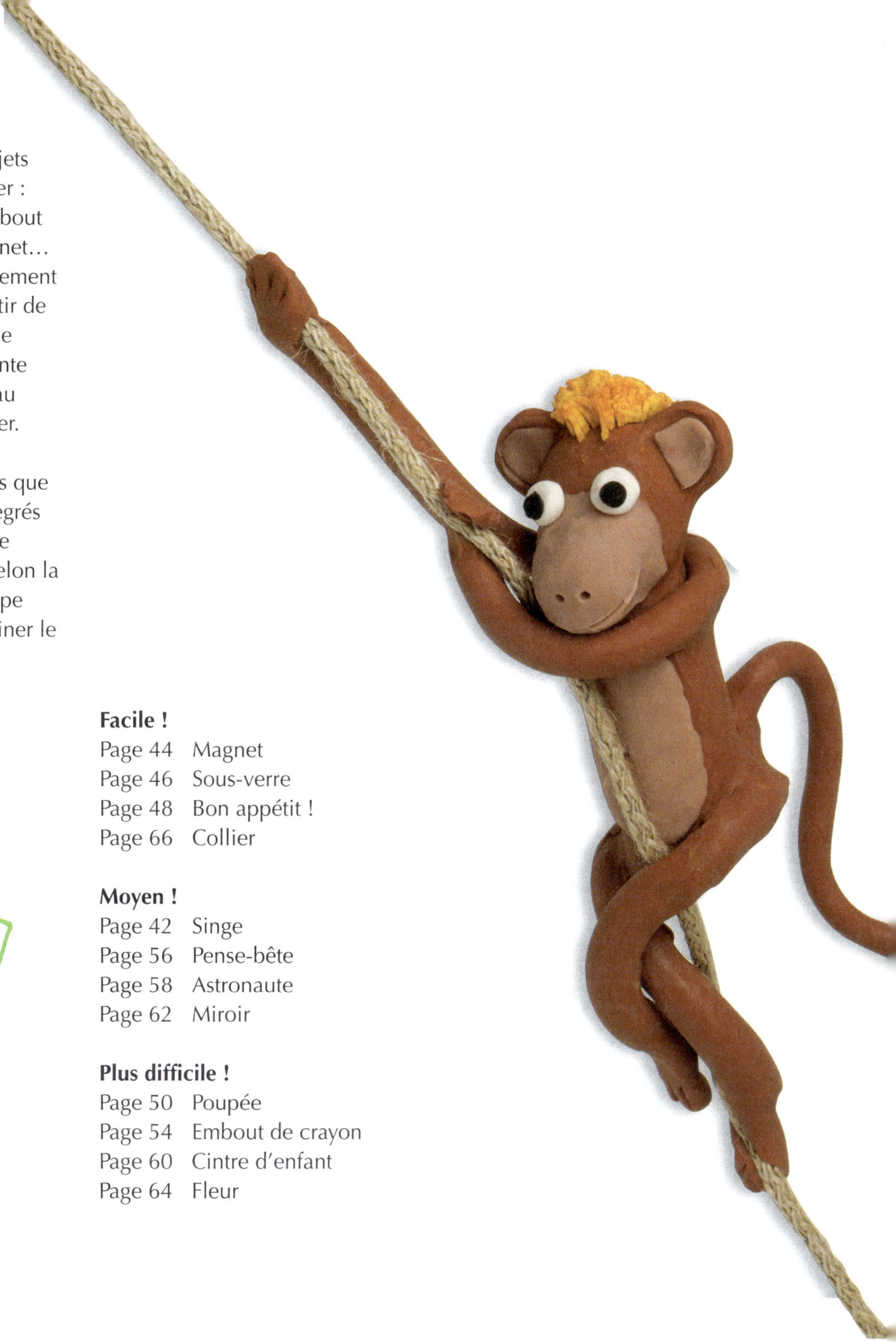

Facile !

Moyen !

Plus difficile !

Astuces et techniques

Avant que les enfants ne commencent à modeler, ils devraient se familiariser avec les matériaux et expérimenter les différents outils. Ils découvriront ainsi facilement par eux-mêmes des techniques simples pour faire une saucisse, former une boule, laminer une plaque et découper.

Matériel et source d'approvisionnement

Il existe des pâtes à modeler qui sèchent à l'air, d'autres qui durcissent dans le four et certaines qui restent toujours souples. La pâte à modeler la plus couramment utilisée par les enfants existe dans toutes les couleurs, mais ne durcit pas. On peut cependant l'enduire à la fin de vernis incolore, ce qui la rend un peu moins souple. La pâte à modeler qui sèche à l'air est incolore et, après séchage, elle peut facilement être colorée avec de la peinture. Une couche finale de vernis incolore lui permettra de garder ses couleurs plus longtemps. Certains fabricants présentent aussi des pâtes à modeler colorées qui durcissent au four. Il est important de choisir le type de pâte en fonction de son utilisation future. La plupart des projets de ce chapitre ne durcissent pas.

Le lieu de travail

Une planche de bois non traitée ou un sous-main en plastique conviennent très bien pour réaliser les travaux.

Les techniques

Les réalisations en pâte à modeler présentées dans ce chapitre ne font appel qu'à des techniques de base très simples : rouler une saucisse, étendre et abaisser de la pâte, dérouler et découper, mélanger des couleurs, etc.

Les travaux sont réalisés à la main ou avec des ustensiles simples. Pour aplatir la pâte, un petit rouleau à pâtisserie fait très bien l'affaire, mais on peut aussi utiliser une bouteille ou une boîte de conserve.

D'autres objets de la vie de tous les jours conviennent aussi pour modeler et produisent parfois de nouvelles formes intéressantes. Les enfants ont également besoin d'un couteau en plastique ou d'un poinçon, d'une aiguille à tricoter ou de tout autre objet pointu, qui permet de détacher le modèle. Pour réaliser des formes, on peut s'aider du manche d'une cuiller en bois.

Les objets présentés sont simplement vernis, ce qui leur garantit une plus longue conservation et les préserve des taches. En fait, tous les objets réalisés en pâte à modeler peuvent être vernis, même si ce n'est pas précisé dans les étapes.

Bon amusement avec la pâte à modeler !

Singe

Une chouette mascotte pour la « jungle » de ta chambre à coucher !

Matériel

- pâtes à modeler marron, blanche, noire, jaune, orange et couleur chair
- passoire à thé
- poinçon
- rouleau à pâtisserie
- corde
- couteau en plastique

1 Façonne une saucisse en pâte à modeler marron et forme une tête et deux oreilles à une extrémité.

3 Aplatis de la pâte à modeler couleur chair avec le rouleau et découpe le ventre (fais le nombril avec le poinçon) et les deux oreilles avec le couteau en plastique.

4 Pour les yeux, forme deux boules blanches et deux autres noires plus petites et presse-les sur le visage.

2 Forme une boule couleur chair et presse-la fermement sur le visage. Avec le poinçon, trace la bouche et le nez.

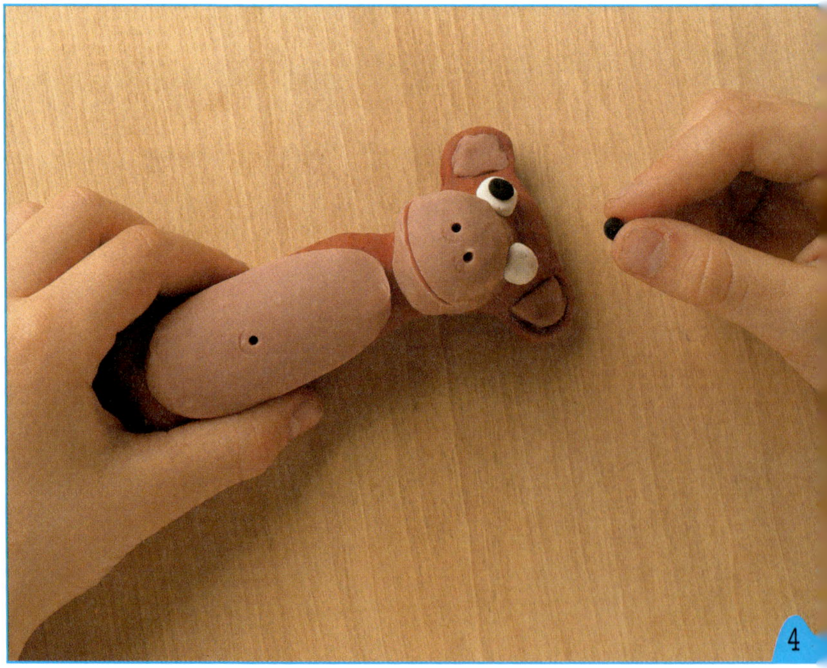

5 Pour les cheveux, mélange les pâtes à modeler jaune et orange et passe-les à travers la passoire.

6 Forme trois saucisses marron, une pour les bras, une pour les jambes et une pour la queue. Marque les doigts et les orteils aux extrémités des bras et des jambes à l'aide du poinçon.

7 Presse les bras, les jambes et la queue pour les souder au corps et fixe le singe à la corde.

Ton singe est prêt à sauter de liane en liane !

Variante

Remplace le singe par d'autres figures : un serpent, un parachutiste…

Magnet

Ce magnet pour la porte du réfrigérateur est facile à réaliser. Essaie vite !

1 Aplatis un morceau de pâte à modeler bleue à l'aide du rouleau à pâtisserie, ou étale-la avec les doigts. Dessine un poisson à l'aide du poinçon.

2 Découpe le poisson avec le couteau en plastique et décore-le de points.

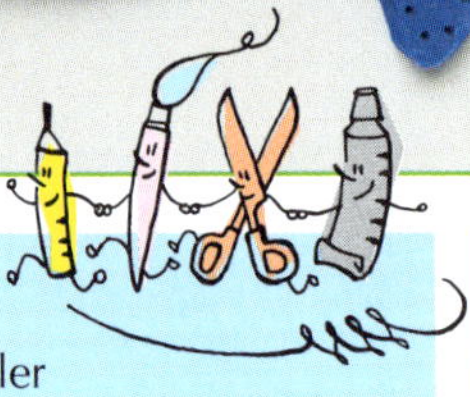

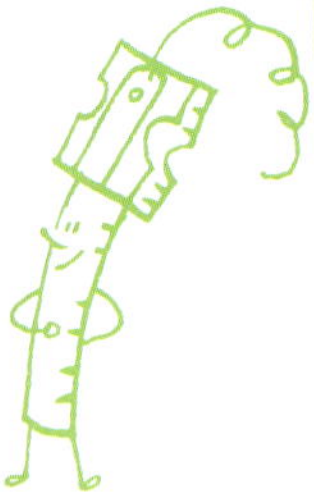

Matériel

- pâtes à modeler bleue, blanche, noire, verte, rouge et orange
- rouleau à pâtisserie
- poinçon
- aimant
- couteau en plastique
- vernis incolore
- colle universelle
- pinceau

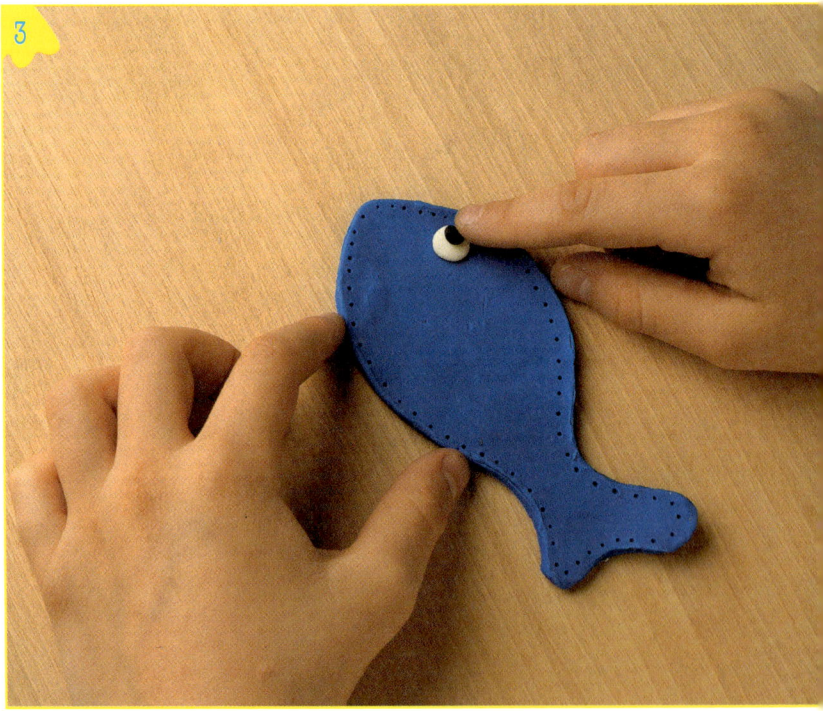

3 Forme une petite boule blanche, puis une plus petite noire. Presse les boules l'une sur l'autre, puis sur le poisson pour former ses yeux.

4 Forme des boules de différentes couleurs, aplatis-les et presse-les sur le corps du poisson.

5 Colle l'aimant au dos du poisson. Pour finir, enduis-le de vernis incolore.

Ton premier magnet est terminé !

Variante

Les magnets seront plus solides, s'ils sont faits avec de la pâte séchant à l'air et qui est peinte ensuite.

Sous-verre

Utilise ce sous-verre coloré lors de ta prochaine fête.

Matériel

- pâtes à modeler blanche, lilas, orange et rouge
- feuilles de plastique transparent
- rouleau à pâtisserie
- ciseaux

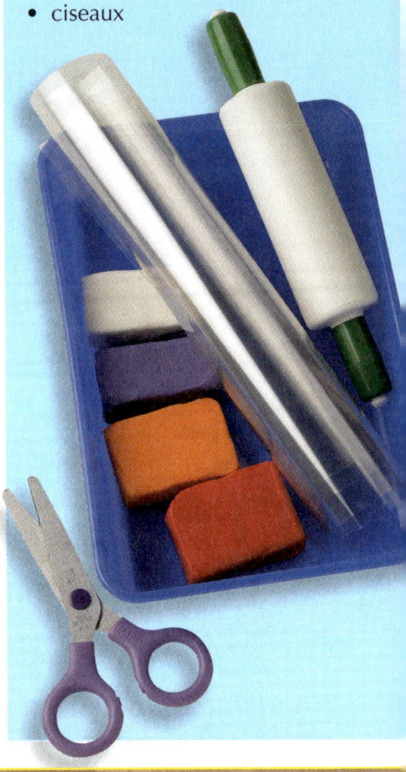

1 Façonne deux saucisses en pâte à modeler, une blanche et une lilas, et enroule-les en spirale. Place-la sur le plastique transparent.

2 Forme une saucisse orange et tourne-la autour de la spirale.

3 Forme une saucisse rouge et place-la à l'extérieur de la spirale.

4 Place une deuxième feuille de plastique transparent sur la spirale. Aplatis la masse avec le rouleau à pâtisserie.

5 Les portions de pâte à modeler se mélangent. Découpe soigneusement les deux feuilles de plastique en suivant le bord de la spirale.

Voici un sous-verre qui attire le regard !

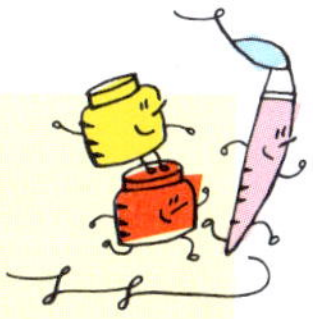

Variante

Pour obtenir un sous-verre résistant, il faut nécessairement employer de la pâte à modeler qui peut cuire et qui durcira au four.

Bon appétit !

Matériel

- pâtes à modeler bleue, blanche, orange, verte, rouge et jaune
- couteau en plastique
- rouleau à pâtisserie
- vernis incolore
- pinceau

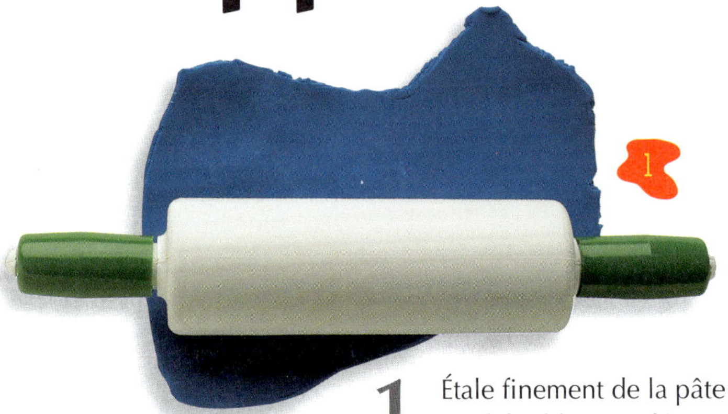

1 Étale finement de la pâte à modeler bleue et découpe-la en ovale, pour faire l'assiette.

2 Roule une saucisse bleue et presse-la contre le pourtour de l'assiette pour faire le bord.

3 Forme de petites boules blanches, aplatis-les et place-les sur le bord de l'assiette.

4 Étale un morceau de pâte à modeler blanche et découpe-le de manière qu'il ressemble à un œu sur le plat. Modèle une demi-sphère en pâte à modeler orange et place-la dessus.

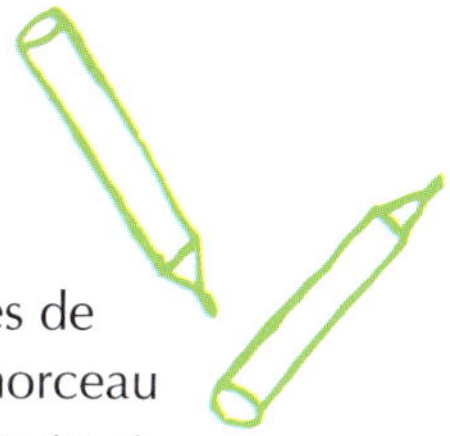

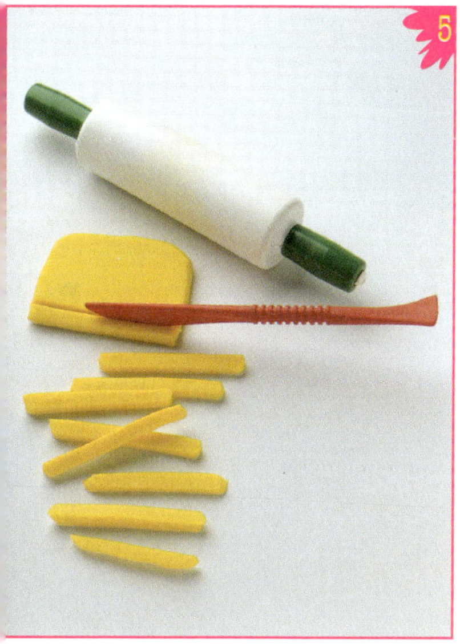

5 Étends un morceau de pâte à modeler jaune et découpe-le en frites.

6 Pour faire les feuilles de salade, étends un morceau de pâte à modeler verte et découpe-le en morceaux irréguliers. Pour la tomate, forme une boule en pâte à modeler rouge et coupe-la en quartiers.

7 Place tous les éléments sur l'assiette et enduis le tout de vernis incolore.

Le repas des poupées est servi ! Attention, ne mange pas ce qu'il y a dans l'assiette.

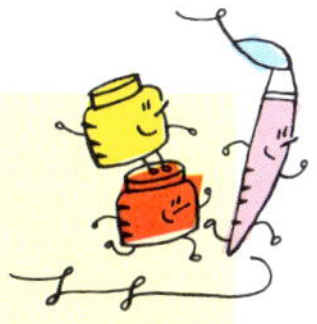

Variante

Invente d'autres plats pour la dînette de tes poupées. Tu obtiendras des spaghettis en passant la pâte à modeler à travers une passoire à thé.

Poupée

Cette poupée amusante a de grandes chaussures, une robe à rayures et des cheveux verts. Elle fait appel à toutes les techniques présentées.

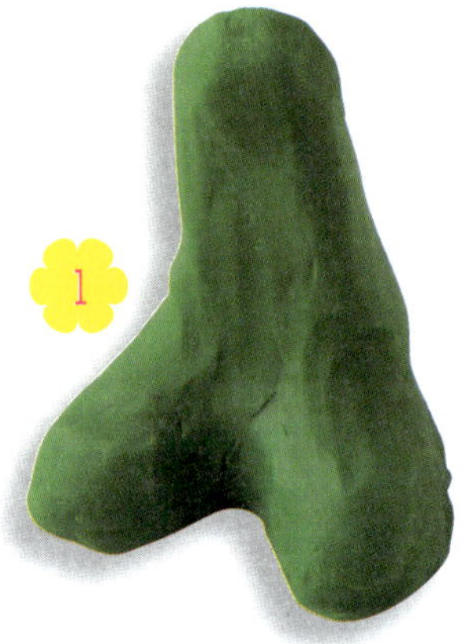

1 Forme les pieds et les jambes dans un morceau de pâte à modeler verte.

2 Étends un morceau de pâte à modeler rose avec le rouleau à pâtisserie et recouvres-en les pieds.

Matériel

- pâtes à modeler rose, verte, blanche, noire et de couleur chair
- passoire à thé
- cure-dent
- rouleau à pâtisserie
- couteau en plastique

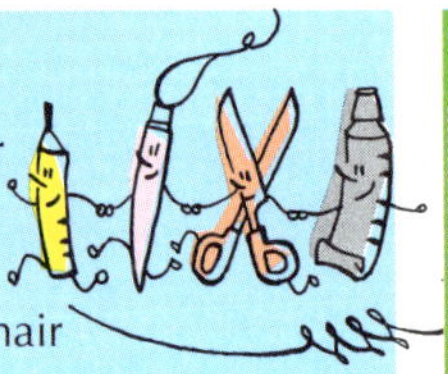

3 Forme de petites boules blanches et presse-les sur les chaussures.

4 Pour la tête, prends de la pâte de couleur chair et fais-en une boule, que tu piques sur un cure-dent.

5 Forme deux petites boules blanches et deux autres noires plus petites pour les yeux, deux roses pour les joues et une couleur chair pour le nez.

6 Pour les cheveux, passe une boule de pâte à modeler verte à travers la passoire à thé.

7 Étale un morceau de pâte à modeler rose et découpe un demi-cercle.

8 Forme trois saucisses vertes et trois blanches et dépose-les sur le demi-cercle rose. Étale les saucisses avec le rouleau à pâtisserie et découpe les morceaux qui dépassent. Conserve ce demi-cercle.

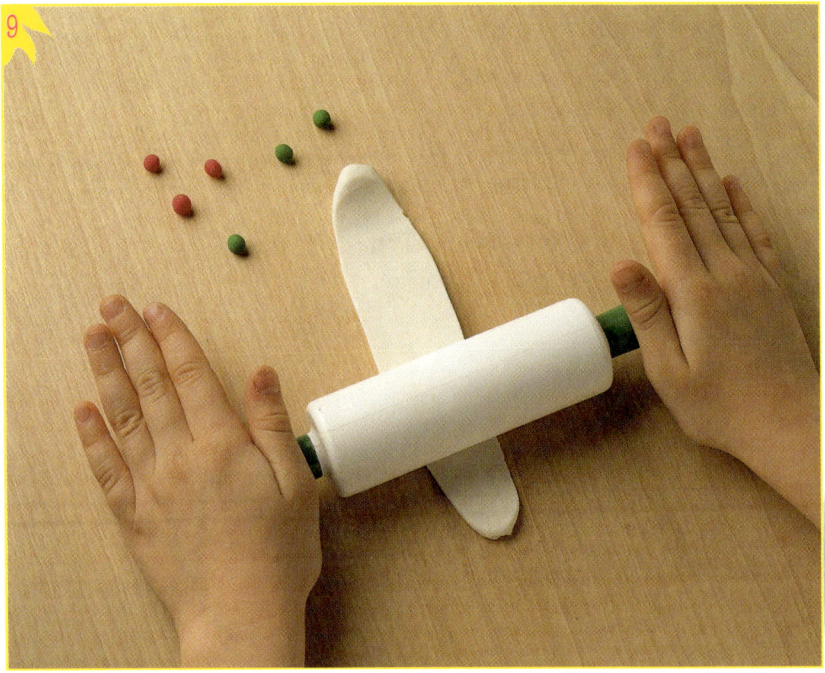

9 Pour l'écharpe, modèle une saucisse en pâte à modeler blanche et aplatis-la. Forme trois boules vertes et trois boules roses.

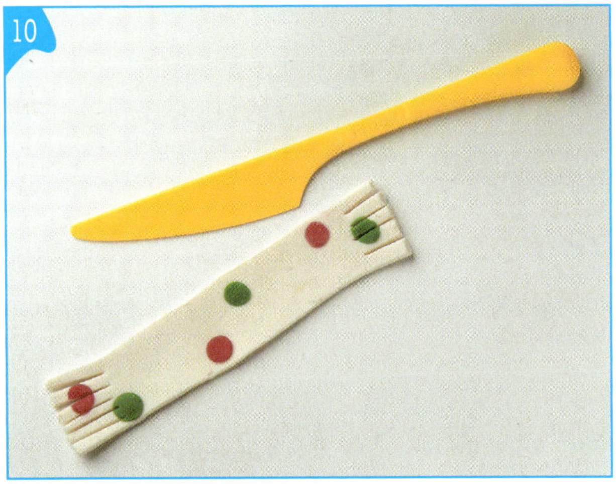

10 Place les boules sur l'écharpe et étale encore une fois. Entaille les extrémités pour obtenir des franges.

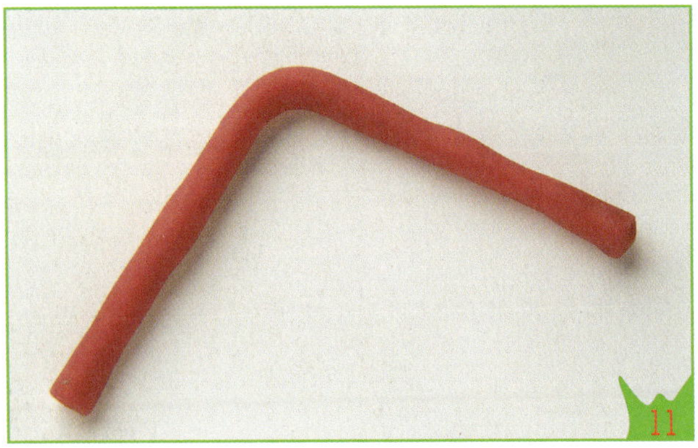

11 Pour les bras, forme une longue saucisse en pâte à modeler rose.

12 Glisse le cure-dent qui supporte la tête dans les jambes.

13 Le demi-cercle rose avec les rayures servira de manteau. Place-le en cloche autour du cou et presse bien.

14 Presse les bras autour du cou, et pose l'écharpe autour.

Cette poupée est très facile à réaliser !

Variante

Il est facile de modifier les vêtements, le visage et les cheveux, afin de créer toute une famille de poupées.

Embout de crayon

Cet embout très décoratif rend ton crayon unique.

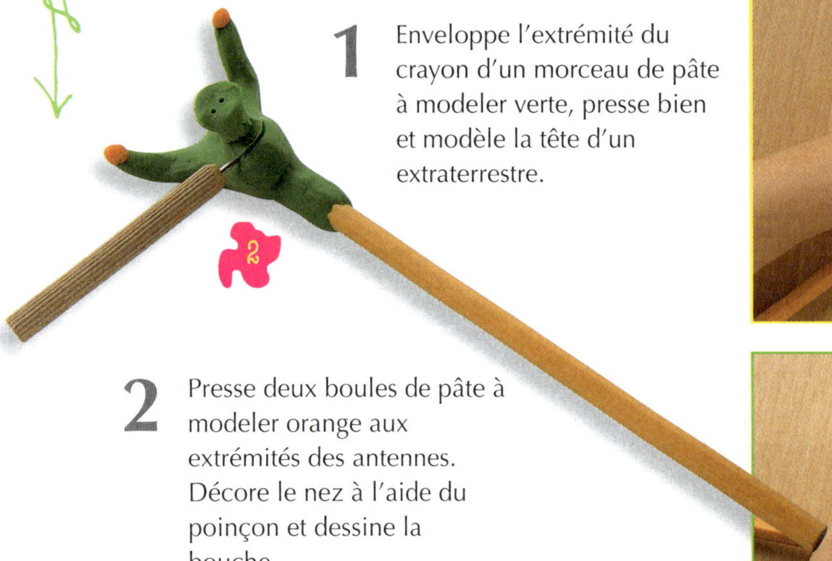

1 Enveloppe l'extrémité du crayon d'un morceau de pâte à modeler verte, presse bien et modèle la tête d'un extraterrestre.

2 Presse deux boules de pâte à modeler orange aux extrémités des antennes. Décore le nez à l'aide du poinçon et dessine la bouche.

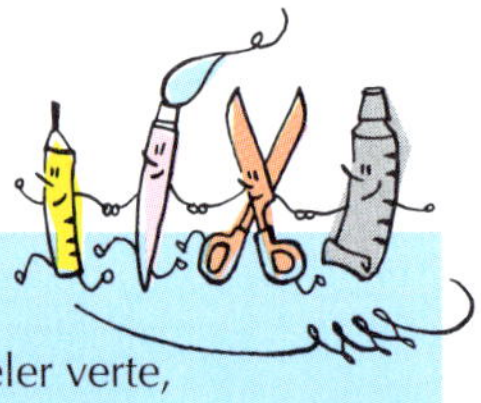

Matériel

- pâtes à modeler verte, blanche, lilas et orange
- crayon
- poinçon
- rouleau à pâtisserie
- couteau en plastique
- vernis incolore
- pinceau

3 Pour les yeux, forme deux boules blanches et deux autres lilas plus petites et presse-les sur le visage. Fais un trou dans la pupille avec le poinçon.

4 Étale un morceau de pâte à modeler lilas au rouleau à pâtisserie et coupe-le avec le couteau en plastique de manière à obtenir un rectangle. Forme une saucisse verte et une saucisse orange.

5 Place le rectangle autour du cou du martien, en formant des plis. Renforce-le en pressant les deux saucisses dessus.

6 Enduis le personnage de vernis incolore.

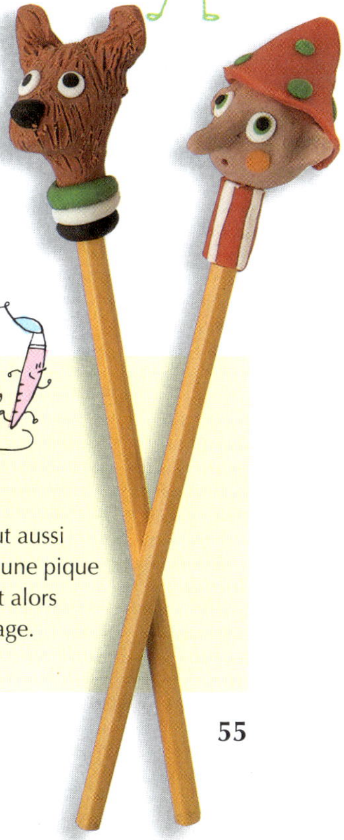

Imagine plein d'autres embouts pour décorer tous tes crayons !

Variante

Cette tête peut aussi être fixée sur une pique en bois et sert alors de marque-page.

Pense-bête

Une attache pour pense-bête est cachée dans ce projet.

Matériel

- pâtes à modeler bleu moyen, bleu foncé, vert foncé, vert clair, lilas, blanche, orange et rouge
- rouleau à pâtisserie
- poinçon
- couteau en plastique
- plaque en bois de 16 x 14 cm
- pince à linge
- colle
- vernis incolore
- pinceau

1 Étale de la pâte à modeler bleu moyen sur la plaque de bois, pour représenter le ciel. Ajoute un peu de pâte à modeler blanche, pour figurer les nuages.

2 Roule des saucisses en pâte à modeler blanche et transforme-les en mouettes. Prends de la pâte à modeler orange pour le bec.

3 Fixe les mouettes sur le ciel. Mélange ensemble des morceaux de pâtes à modeler bleu foncé, lilas, vert foncé et blanche et recouvre le reste de la plaque en bois pour représenter la mer.

4 Recouvre le tableau d'un peu de vernis incolore et laisse bien sécher.

5 Étale les pâtes à modeler rouge et vert clair. Dessine et découpe deux bateaux, un grand rouge et un petit vert. Place le vert sur le rouge et presse bien.

6 Forme trois petites boules dans la pâte à modeler orange et presse-les sur le bateau. Décore avec le poinçon.

7 Recouvre le bateau avec du vernis incolore, laisse-le sécher puis colle-le sur une pince à linge. Quand tout est sec, colle la pince dans la mer.

Lorsqu'on appuie sur le mât du bateau, la pince à linge s'ouvre et permet d'introduire un feuillet.

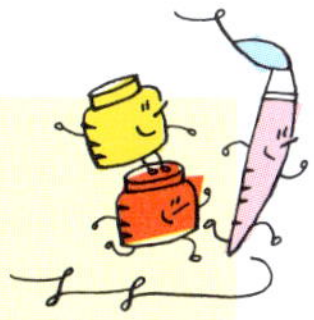

Variante

Si tu ne disposes pas de bois, tu peux employer une feuille de papier cartonné solide.

Astronaute

Ce mobile simple est réalisé avec de la pâte à modeler et du fil de fer.

Matériel
- pâtes à modeler bleu moyen, bleu foncé, blanche, lilas, orange, rouge, jaune et de couleur chair
- rouleau à pâtisserie
- couteau en plastique
- poinçon
- fil de fer bleu
- ciseaux
- tenaille

1 Mélange des morceaux de pâtes à modeler bleu moyen, bleu foncé, blanche, lilas et orange de manière à obtenir une boule, pour faire la terre.

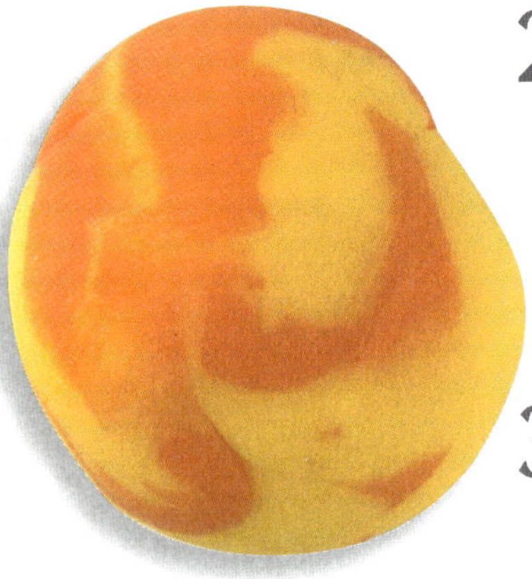

2 Modèle une boule plus petite avec du jaune et de l'orange, pour faire la lune.

3 Forme le corps de l'astronaute avec de la pâte à modeler blanche. Pour le visage, prends de la pâte à modeler couleur chair.

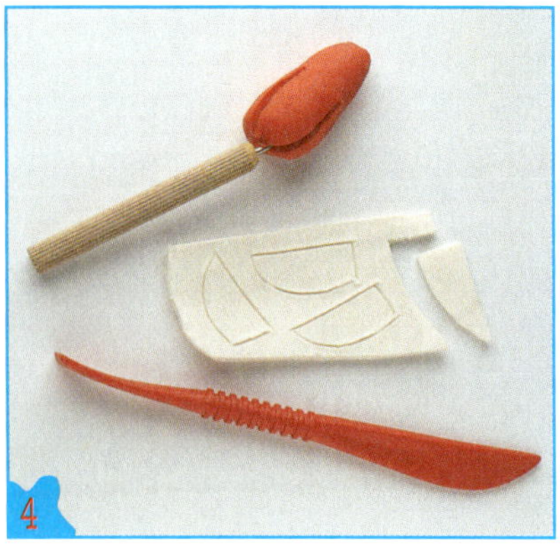

4 Forme une saucisse avec de la pâte à modeler rouge, pour la fusée. Découpe les ailes dans la pâte à modeler blanche et presse-les sur la fusée.

5 Coupe 15 cm de fil de fer et plie une extrémité en S.

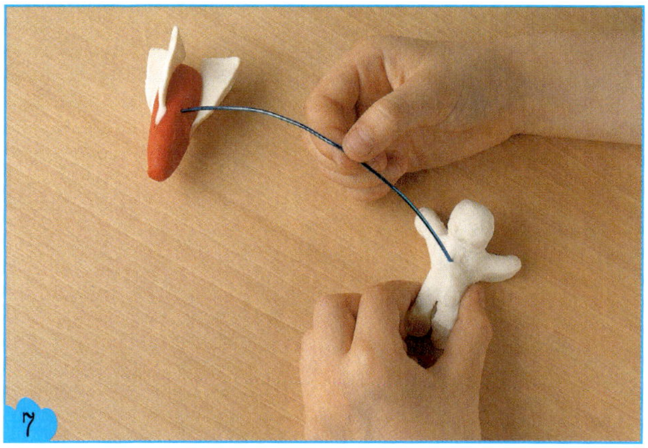

6 Pique le fil dans la grosse boule, la terre.

7 Coupe un autre morceau de fil de 20 cm, puis glisse une extrémité dans l'astronaute, l'autre extrémité dans la fusée.

8 Pose ce fil arqué sur le S de l'autre. Termine la réalisation en piquant la plus petite boule, la lune, sur l'extrémité de fil libre.

Ton astronaute se promène dans l'espace.

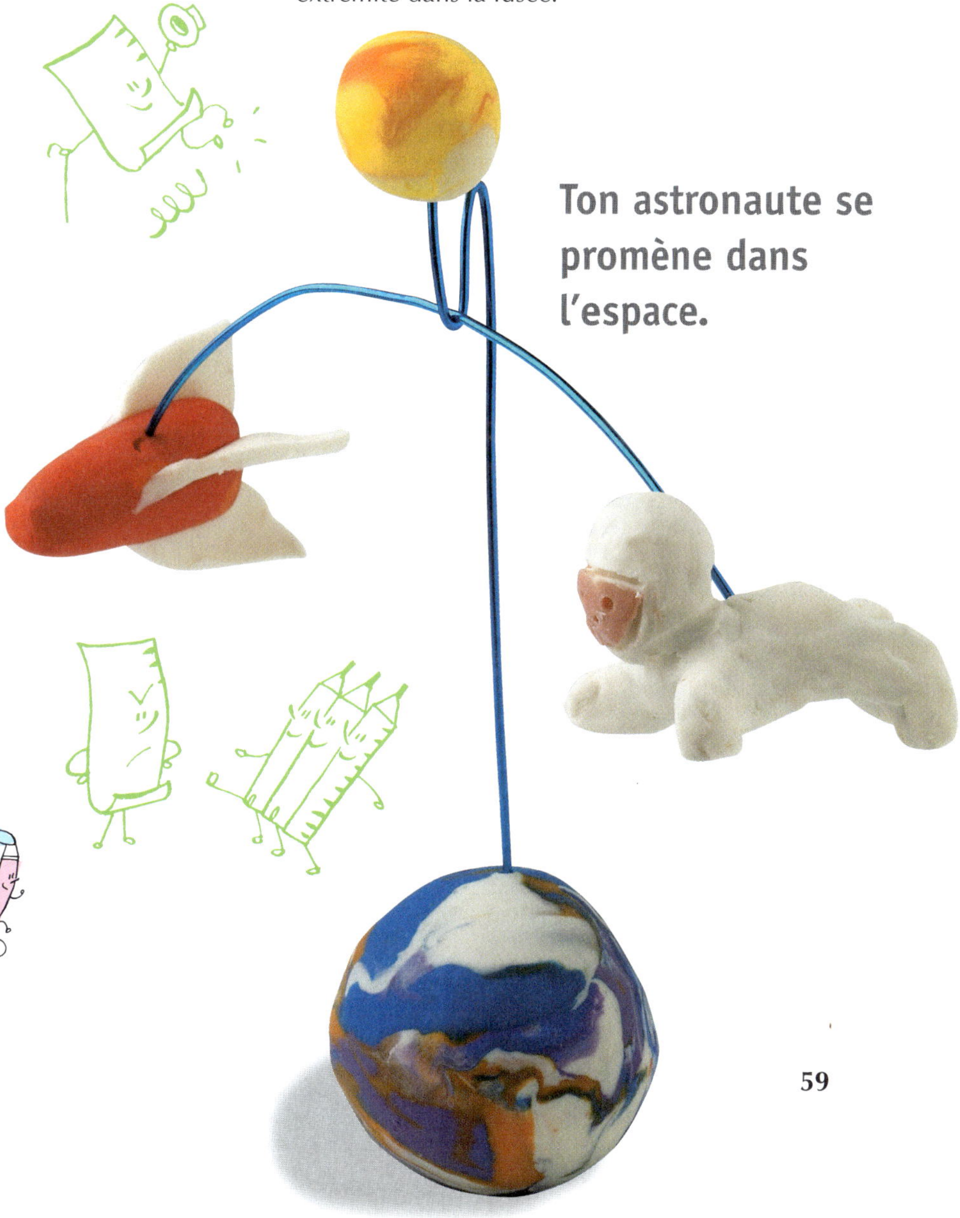

Variante

La fusée peut être remplacée par des étoiles ou d'autres planètes.

Cintre d'enfant

Choisis de la pâte à modeler qui durcit au four ou qui sèche à l'air et que tu peins ensuite.

Matériel

- pâtes à modeler orange, rouge, lilas, blanche, verte et noire
- rouleau à pâtisserie
- vernis incolore
- pinceau
- couteau en plastique
- poinçon
- colle universelle
- cintre vert

1 Forme une saucisse en pâte à modeler orange et aplatis-la avec le rouleau à pâtisserie.

2 Forme de fines saucisses en pâte à modeler rouge et dépose-les sur la bande orange. Aplatis-les ensuite avec le rouleau.

3 Coupe la bande en deux et place ces deux moitiés de telle sorte qu'elles forment un angle.

4 Aplatis un morceau de pâte à modeler blanche et dessine un cercle avec le poinçon (pour le visage) et deux mains. Détache les différentes parties avec le couteau en plastique et fixe les mains en les pressant sur les extrémités des bras

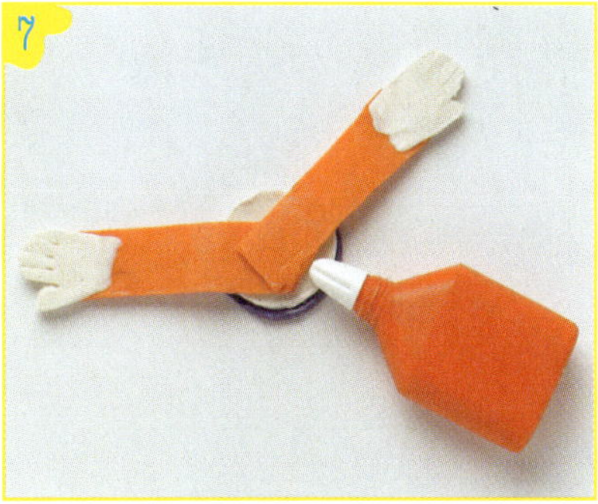

5 Étale un morceau de pâte à modeler lilas, dessine la coiffure et découpe-la.

6 Fixe la coiffure sur le dessus de la tête. Pour les yeux, forme deux petites boules vertes et deux noires encore plus petites. Fais une boule rouge pour le nez.

7 Si tu as utilisé de la pâte à modeler ordinaire, colle les différentes parties ensemble et vernis-les. Pour la pâte à modeler résistant à la chaleur, passe-la au four pour la durcir, puis colle les éléments.

Il ne te reste plus qu'à coller le personnage sur le cintre.

Variante

Crée de nombreux autres motifs de cette manière, par exemple une grenouille ou un nuage avec son soleil.

Miroir

Façonne ce miroir amusant qui te fera sourire !

Matériel
- pâtes à modeler lilas, verte, blanche, orange et rouge
- rouleau à pâtisserie
- couteau en plastique
- râpe de cuisine
- miroir rond, carton comme sous-couche
- colle universelle
- ruban adhésif double face
- vernis incolore
- pinceau

1 Étale de la pâte à modeler lilas et découpe la tête et les épaules. Pose une sous-couche en carton à l'arrière.

2 Recouvre le modèle avec du vernis incolore. Après séchage, recouvre l'arrière du miroir avec du ruban adhésif double face et place-le sur la base.

4 Découpe un nœud papillon avec le couteau en plastique et vernis-le.

3 Étale de la pâte à modeler blanche et pose trois saucisses de pâte de couleur par-dessus. Aplatis le tout au rouleau à pâtisserie.

5 Passe la pâte à modeler verte à travers la râpe pour faire les cheveux.

6 Colle soigneusement le nœud papillon et les cheveux sur le miroir, puis vernis.

Ton miroir est terminé !

Variante

Pour un miroir plus solide, réalise-le en pâte à modeler séchant à l'air, puis peins-le.

Fleur

Il suffit d'un peu de doigté pour réaliser un joli bouquet de fleurs.

1 Forme une saucisse en pâte à modeler vert clair, pour réaliser la tige de la fleur.

2 Forme une deuxième saucisse plus petite en pâte à modeler orange et raccorde les deux ensemble en les pressant et en les roulant.

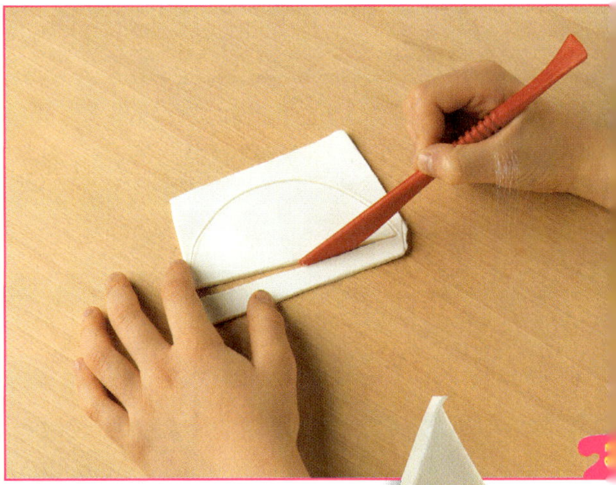

Matériel

- pâtes à modeler vert clair, vert foncé, blanche et orange
- rouleau à pâtisserie
- vernis incolore
- pinceau
- couteau en plastique

3 Étale de la pâte à modeler blanche avec un rouleau et découpe un demi-cercle.

4 Place le demi-cercle à l'extrémité orange de la tige et presse bien.

5 Étale la pâte à modeler vert clair et découpe un triangle. Enveloppe l'endroit de jonction entre la fleur et la tige avec cette pâte verte.

6 Mélange de la pâte vert clair et de la pâte vert foncé. Étale-les et découpe un pétale. Fixe-le sur la tige. Recouvre ta fleur de vernis.

Variante

Pour la tige, emploie du fil de fer recouvert de pâte à modeler. Cela la rendra plus solide.

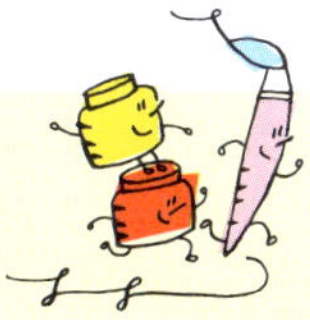

Varie les fleurs à l'infini en utilisant d'autres couleurs et d'autres formes.

Collier

Fabrique de magnifiques colliers avec de la pâte marbrée, striée ou tournée.

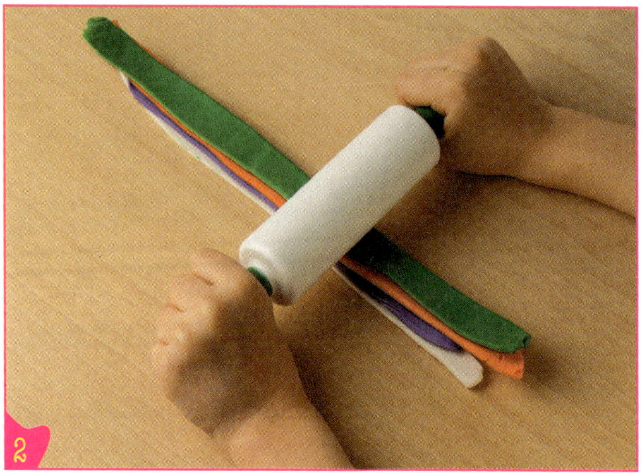

1 Forme quatre bandes de pâte à modeler : une verte, une orange, une blanche et une lilas.

2 Pose les quatre bandes les unes sur les autres et presse-les avec le rouleau à pâtisserie.

Matériel

- pâtes à modeler blanche, lilas, verte et orange
- fil de couleur et aiguille
- rouleau à pâtisserie
- vernis incolore
- pinceau
- couteau en plastique
- cure-dents

3 Avec le couteau en plastique, coupe des rectangles.

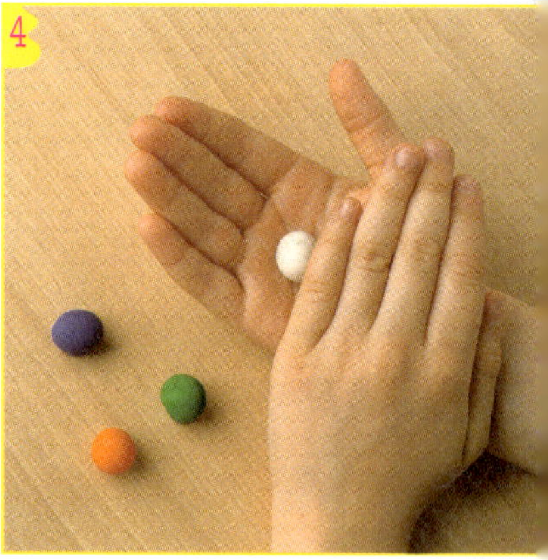

4 Façonne des boules vertes, orange, blanches et lilas.

5 Vernis toutes les parties, puis laisse-les sécher, piquées sur des cure-dents.

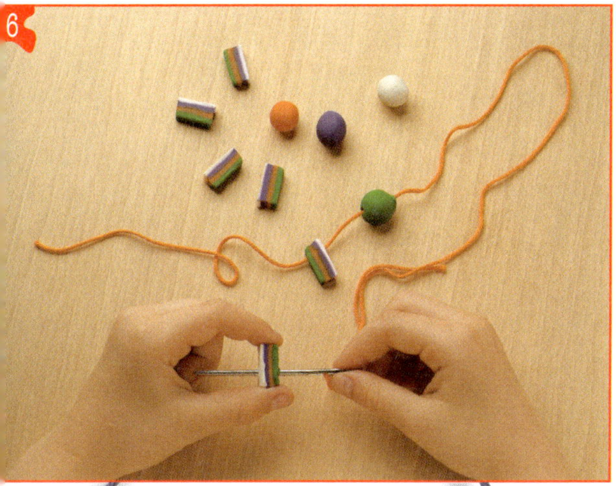

6 Passe le fil dans l'aiguille et passe celle-ci à travers les perles.

ncore un nœud et on collier est erminé !

Variante

Tu peux aussi façonner des perles d'autres formes. La pâte à modeler colorée et qui durcit au four donnera des perles très solides.

Perles, pierres et autres trésors

Les petites et grandes pierres, les graviers, le sable, les perles de verre, les éponges et les ballons ne forment qu'un petit échantillon des innombrables éléments permettant de réaliser des projets originaux. Créer des objets à partir de pierres demande de l'imagination. Il suffit de quelques détails pour transformer des objets quotidiens en réalisations amusantes et utiles.

Ce chapitre propose douze projets simples réalisés à partir d'objets que chacun possède chez soi : une chenille avec des boutons, un nœud papillon en éponge, une famille composée de pierres amusantes, un personnage comique avec un ballon… À partir de ces quelques suggestions, les enfants n'auront pas de mal à inventer d'autres sujets. Chaque réalisation est accompagnée d'une variante qui permet de modifier l'idée de base.

Certains projets sont plus faciles que d'autres à réaliser. Il y a trois degrés de difficulté. D'après le stade de développement de l'enfant et selon la taille et la composition du groupe d'enfants, vous pourrez déterminer le projet qui convient le mieux.

Facile !

Moyen !

Plus difficile !

Techniques et astuces

Les projets présentés dans ce chapitre laissent beaucoup de liberté aux enfants pour réaliser des travaux à partir de leurs idées. D'après le matériel dont on dispose, par exemple des boutons de formes et de tailles différentes pour la chenille (p. 84), des perles, des coquillages ou des pierres, le résultat sera totalement différent. La plage (p. 80), le paysage de sable dans un bocal (p. 90) et le presse-papiers (p. 92) conviennent très bien à un groupe d'enfants.

Assembler les parties

Pour les projets proposés, on utilise de la colle en bâton, de la colle à bois, de la colle universelle et du ruban adhésif.

Pour les coquillages et les pierres, on emploie de la colle universelle ou de la colle à bois.

Il faut presser les parties ensemble pendant un moment, jusqu'à ce que la colle soit sèche.

Peindre

La peinture à l'eau, la gouache et même la peinture acrylique conviennent bien pour peindre ou colorer du carton.

Pour les coquillages et les pierres, la gouache et la peinture acrylique sont mieux adaptées. Il est nécessaire de bien nettoyer les objets naturels avant de les utiliser, pour que la peinture tienne bien dessus. Pour que les objets gardent encore plus longtemps leur couleur et leur éclat, il suffit de les vernir.

Bon amusement !

Nœud papillon

Ce nœud papillon est réalisé en un tourne-main.

Matériel

- éponge de bain verte, en matière synthétique
- rouleau de papier toilette
- papiers vert et violet
- élastique noir
- crayon
- bâton de colle
- règle
- ciseaux

1 Coupe le rouleau de papier toilette en son milieu.

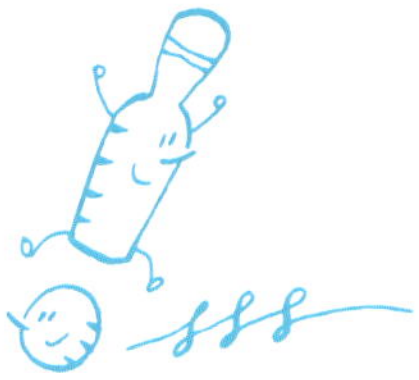

2 Découpe une bande de papier violet de la largeur du rouleau.

3 Fixe le papier avec le bâton de colle sur le rouleau.

4 Découpe quatre bandes étroites dans le papier vert et colle-les sur le papier violet.

5 Découpe un morceau d'élastique, suffisamment grand pour qu'il passe par-dessus ta tête.

6 Presse l'éponge pour pouvoir l'enfiler dans le rouleau.

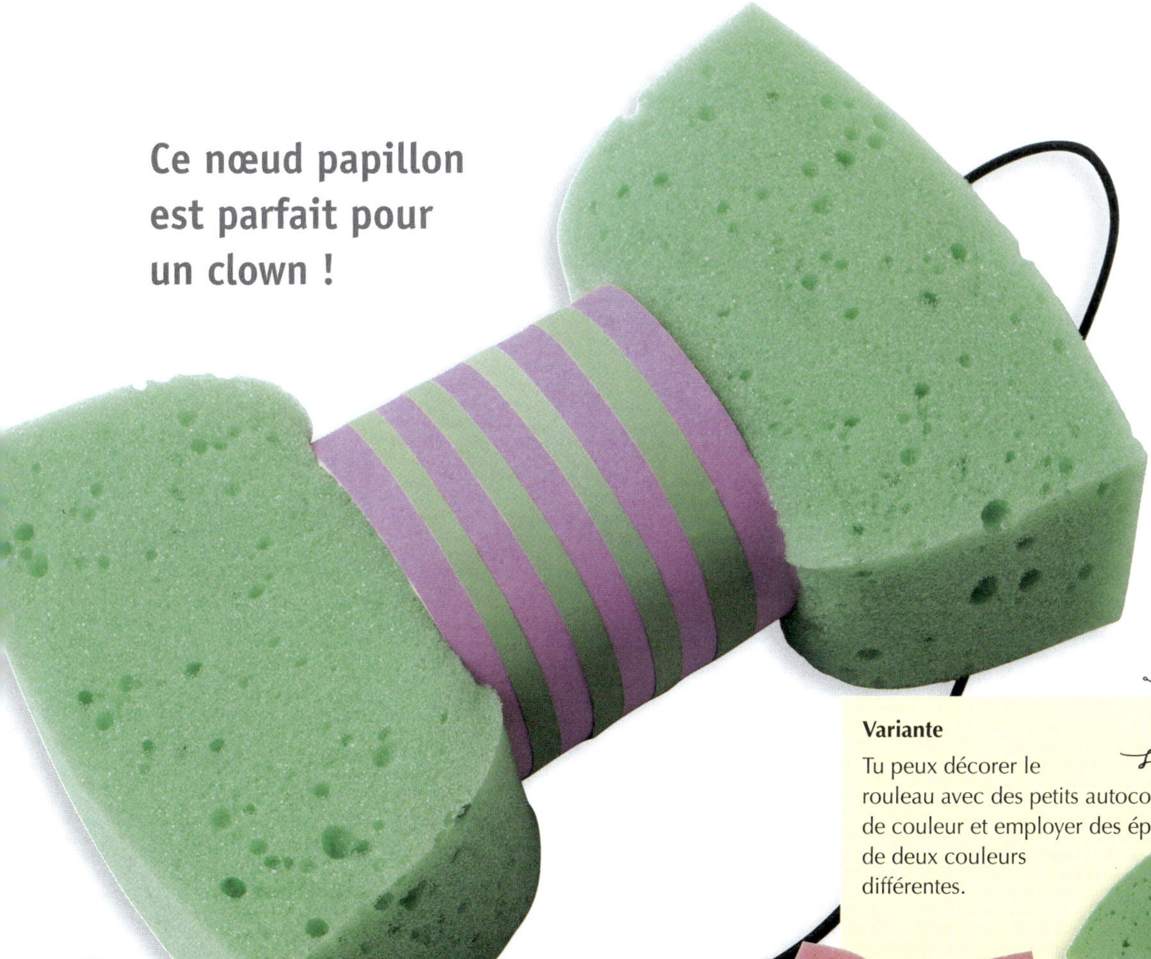

Ce nœud papillon est parfait pour un clown !

Variante

Tu peux décorer le rouleau avec des petits autocollants de couleur et employer des éponges de deux couleurs différentes.

Matériel

- 4 pierres plates
- papier cartonné blanc (DIN A4)
- gouaches
- crayons de couleur
- crayon noir
- ruban adhésif
- pinceau
- ciseaux

Famille pierre

Quatre pierres, du papier et des feutres de couleur : de quoi composer une chouette famille !

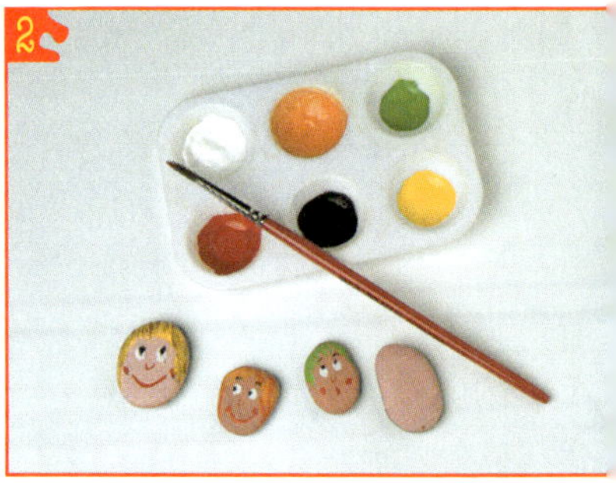

1 Choisis deux grandes pierres et deux plus petites et peins-les en rose.

2 Quand la peinture est sèche, dessine un visage sur chaque pierre.

3 Pose les pierres sur le papier blanc et dessine les corps et les vêtements des membres de la famille.

4 Colorie les corps et les vêtements. Puis découpe-les.

5 Fixe les personnages en papier au dos de la pierre avec du ruban adhésif.

Voici la famille au grand complet !

Variante

Tu peux réaliser les vêtements des personnages avec des restes de tissu et utiliser de la laine pour les cheveux.

Bracelet et collier

Les perles de différentes couleurs et de différentes formes permettent de réaliser de superbes colliers et bracelets.

1 Coupe deux morceaux de cordelette pour le collier, un vert et un beige. Enfile une perle jaune cylindrique au centre. Puis enfile de chaque côté cinq perles rondes : une verte, une jaune, une blanche, une jaune et une verte. Fais un nœud de chaque côté.

2 Laisse un peu d'espace et fais un second nœud. Enfile à nouveau de chaque côté des perles rondes, en reproduisant le même ordre.

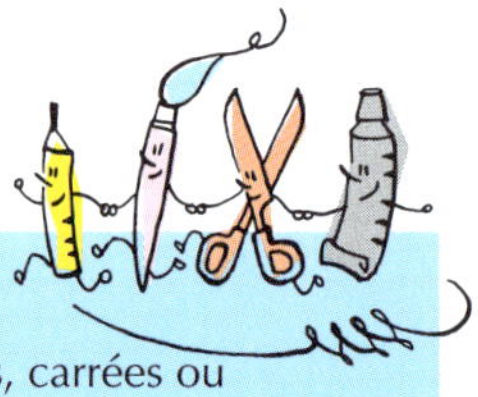

Matériel

- perles rondes, carrées ou cylindriques
- élastique noir
- cordelettes fines, verte et beige
- ciseaux

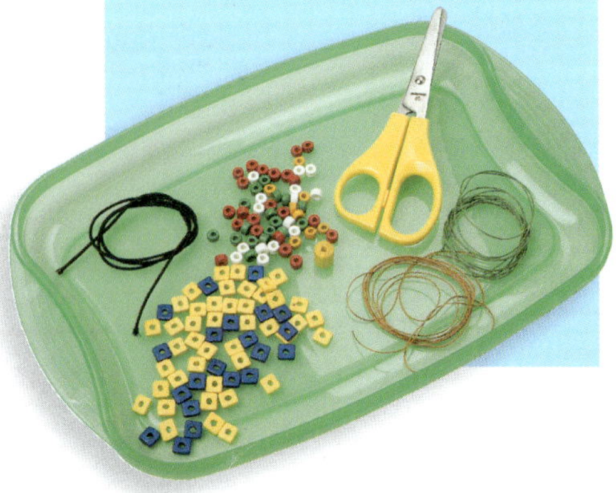

3 Répète ce schéma plusieurs fois et fais ensuite un nœud à chaque extrémité.

4 Pour le bracelet, coupe un morceau d'élastique noir, de manière qu'il puisse être enfilé au poignet. Fais un nœud à l'une des extrémités et enfile des perles de couleurs différentes comme sur l'illustration.

5 Répète cette séquence plusieurs fois, sur toute la longueur de l'élastique. Noue les extrémités ensemble.

Facile, coloré et beau !

Variante

Pour ces bijoux en perles, l'imagination n'a pas de limites.

M. Ballon

Monsieur Ballon décorera superbement une fête enfantine.

1 Gonfle le ballon et fais un nœud.

2 Coupe plusieurs morceaux de raphia bleu.

Matériel

- ballon à gonfler
- raphia bleu
- ruban adhésif bleu
- pastilles autocollantes vertes, blanches et rouges de différentes tailles et formes
- feutre noir indélébile
- ciseaux

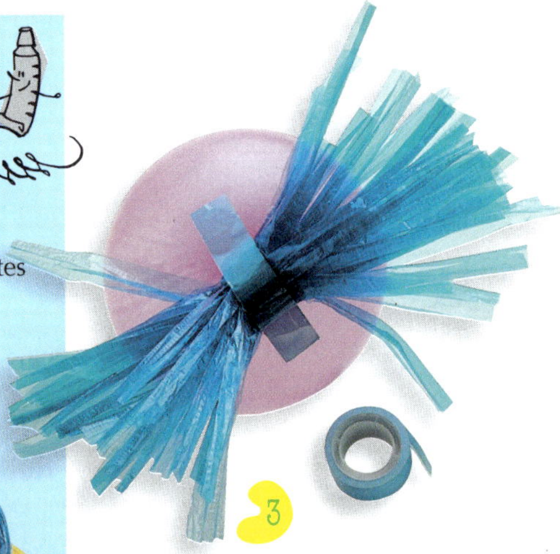

3 Fixe le raphia avec le ruban adhésif bleu à la partie supérieure du ballon, pour faire les cheveux.

4 Coupe éventuellement les cheveux pour uniformiser.

5 Pour les yeux, colle sur le ballon deux autocollants blancs avec deux autocollants verts, un rond rouge pour le nez et un petit triangle rouge pour la bouche.

6 Dessine les sourcils avec le feutre noir indélébile.

Variante
Pour les cheveux, tu peux aussi utiliser de la laine ou des bandes de papier journal. Pour terminer, tu peux dessiner une silhouette sur du papier d'emballage et la coller pour faire le corps.

Monsieur Ballon aime se promener au bout d'une ficelle.

Plage

À l'aide de pierres, de sable, de bouchons de liège et de papier, il est possible de créer un superbe paysage marin dans une boîte.

1 Entaille le long côté de la boîte en carton, de manière que l'on puisse rabattre le côté.

2 Recouvre les trois autres côtés avec du papier bleu, pour faire le ciel.

3 Peins la moitié du sol en bleu, pour faire la mer, et fais des vagues blanches en tapotant avec l'éponge.

Matériel

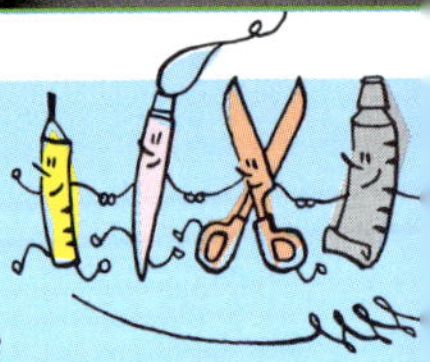

- boîte en carton rectangulaire
- papiers bleu, jaune, blanc, rose et orange
- papier de soie vert
- 3 bouchons de liège
- petits cailloux gris
- petites pierres de verre
- sable fin
- pastilles autocollantes rondes et rouges
- punaise marron
- peintures bleue et blanche
- crayons de couleur
- feutre noir
- éponge
- pinceau
- ciseaux
- bâton de colle, colle universelle

4 Enduis la deuxième moitié du sol de colle et répartis du sable dessus. Puis secoue légèrement la boîte, pour faire tomber l'excédent de sable.

5 Utilise la colle universelle pour coller les cailloux gris sur les côtés de la plage. Ce seront les rochers.

6 Dessine un soleil avec ses rayons sur la feuille de papier jaune, puis deux oiseaux sur la feuille de papier blanc et découpe le tout.

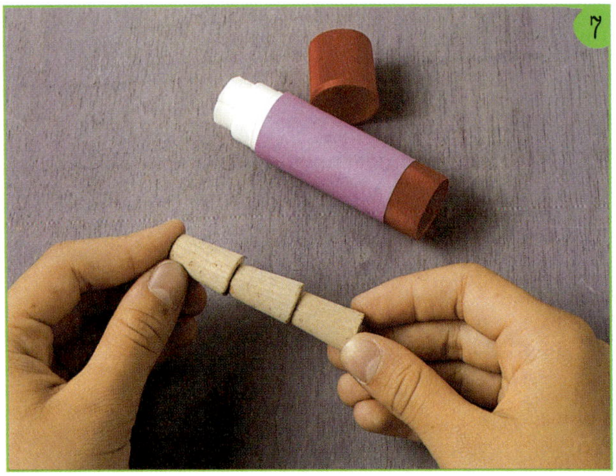

8 Découpe les feuilles de palmier dans le papier de soie vert. Fixe-les sur le tronc en bouchons avec la punaise.

7 Colle trois bouchons de liège ensemble, pour réaliser le tronc du palmier.

9 Colle le soleil et les oiseaux sur le ciel bleu, au-dessus du sable.

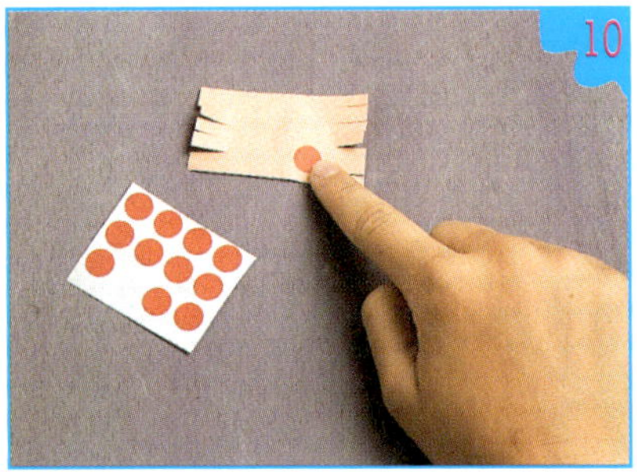

10 Pour créer un drap de bain, découpe des franges dans un morceau de papier orange. Garnis-le de petits autocollants rouges et ronds.

11 Place le drap de bain sur le sable et répartis les petites pierres de couleur sur la plage.

12 Réalise un pliage de bateau avec le papier rose et place-le dans l'eau.

Cette belle plage ensoleillée ne demande qu'à accueillir des vacanciers.

Variante

Tu peux ajouter encore beaucoup d'autres éléments, comme des bouquets de fleurs, des pierres plus grandes, un parasol ou un hamac.

Chenille

Une sympathique chenille, avec des boutons et une ficelle.

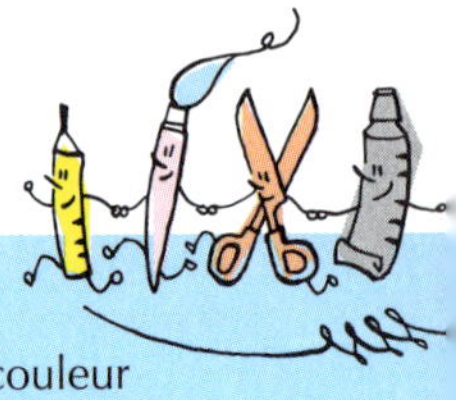

Matériel

- boutons de couleur à 2 ou 4 trous
- fil élastique noir, fin
- boule de polystyrène
- gouaches de couleurs différentes
- aiguille à coudre
- pinceau

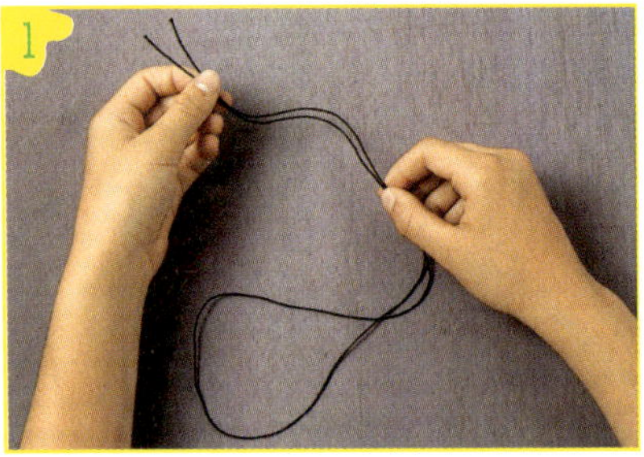

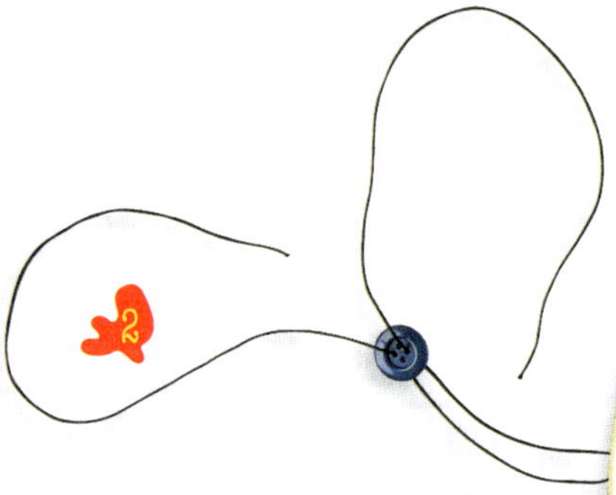

1 Coupe un bout d'élastique noir d'environ 60 cm de long et plie-le en son milieu.

2 Passe les extrémités de l'élastique à travers les deux trous d'un bouton.

4 Peins la boule de polystyrène en jaune.

3 Répète l'opération avec d'autres boutons de couleurs différentes, de manière à obtenir un serpent.

5 Dessines-y les cheveux, les yeux, le nez, les joues et la bouche.

6 Enfile les extrémités de l'élastique dans l'aiguille à coudre, pique-la dans la boule et tire l'élastique à travers. Demande éventuellement l'aide d'un adulte pour cette opération.

7 Noue les deux extrémités de l'élastique à la queue de l'élastique.

Une chenille vite faite et si mignonne !

Variante

Si tu ne fais pas de nœud à la queue de la chenille, tu peux la suspendre au plafond de ta chambre.

Jupe coquillage

Voici comment transformer un coquillage en vêtement élégant.

1 Peins un coquillage avec des couleurs vives.

2 Décore aussi tous les autres coquillages avec des motifs amusants.

Matériel

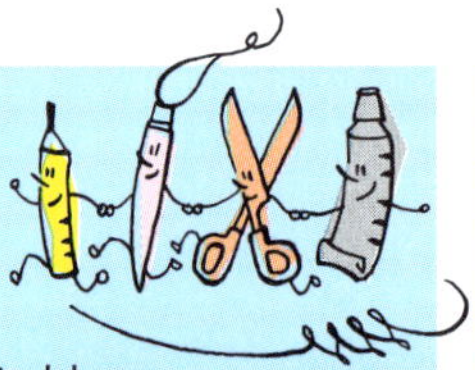

- coquillages de taille moyenne
- carton à dessin blanc
- bande de fermeture velcro
- feutre noir
- crayons de couleur
- gouaches de différentes couleurs
- ciseaux
- pinceau

3 Dessine une fillette sur le carton blanc et colorie-la avec des crayons de couleur.

4 Découpe la bande velcro en petits morceaux. Colle un morceau sur la ceinture de la fillette et l'autre sur le coquillage.

5 Pose le coquillage sur le dessin pour représenter la jupe.

Transforme cette jupe en peignant un autre motif !

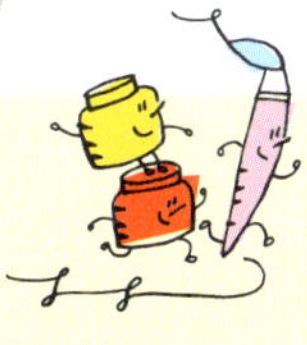

Variante

Utilise les coquillages peints en guise de cheveux, d'ailes de papillon, de ventre…

Labyrinthe

Un jeu de mémoire facile à réaliser avec un plat en plastique, quelques bandes de mousse et une petite bille.

Matériel

- panneaux de mousse rouge et bleue
- boîte en plastique transparent avec couvercle
- bille
- carton à dessin blanc
- crayons de couleur
- feutre noir
- ciseaux
- règle
- bâton de colle

1 Découpe quatre morceaux de mousse, deux bleus et deux rouges de la taille de la boîte en plastique.

2 Places-en trois dans le plat dans l'ordre suivant : un rouge, un bleu, un rouge.

3 Découpe quatre bandes de mousse rouge de même largeur, mais de longueurs différentes.

4 Découpe deux morceaux dans le carton blanc. Dessine un morceau de fromage sur l'un et une souris sur l'autre.

5 Place les dessins aux côtés opposés de la boîte, sur la dernière plaque de mousse. Colle les bandes rouges de manière à former un labyrinthe.

6 Mets la bille dans la boîte et ferme-la avec le couvercle.

La bille ira-t-elle de la souris au fromage ?

Variante

Pour rendre le labyrinthe encore plus difficile, construis une impasse. Tu peux aussi choisir d'autres dessins, par exemple un lapin et une carotte.

Paysage de sable

Remplis un bocal en verre en alternant couches de sable et couches de craie : souvenir de vacances...

1 Remplis 1/3 du bocal en verre avec du sable.

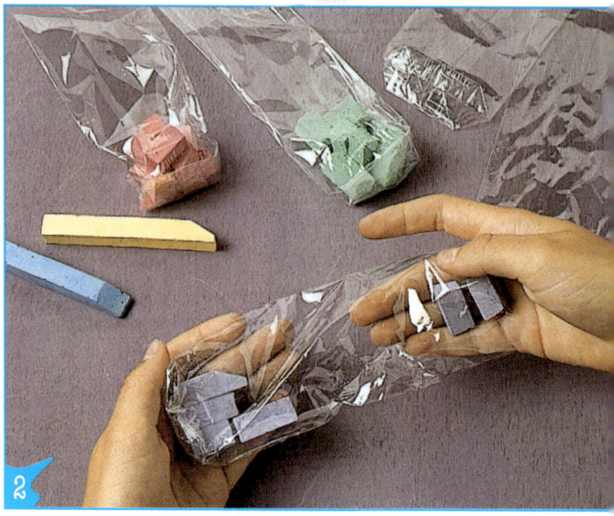

Matériel

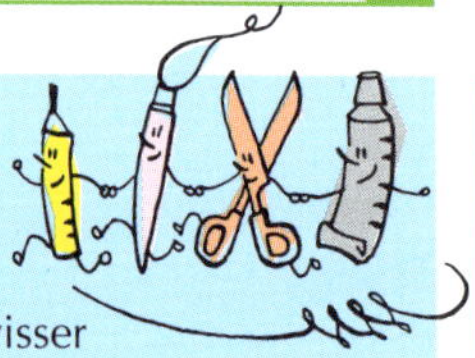

- bocal en verre avec couvercle à visser
- craies de couleur
- sable fin
- grosse pierre
- papier crépon jaune
- élastique noir
- sachets en plastique
- pilon en bois
- ciseaux

2 Casse les craies en morceaux et place-les, par couleur, dans des sachets en plastique.

3 Écrase chaque craie avec la grosse pierre pour obtenir de la poussière colorée. Fais bien attention que rien ne s'échappe du sachet.

4 Verse la première couche de poussière de craie sur le sable dans le verre et tasse avec le pilon.

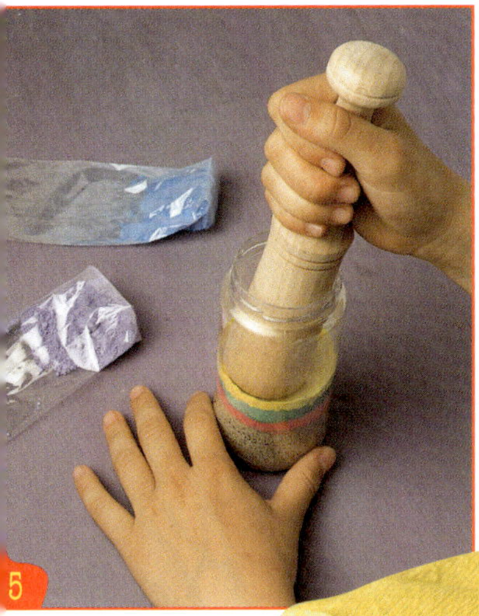

5 Procède de la même manière avec les autres couleurs. Tasse bien chaque couche, avant de verser la suivante.

6 Pour terminer, remplis le bocal avec du sable et visse bien le couvercle.

Ce bocal coloré est un cadeau original.

7 Découpe un carré dans le papier crépon et fixe-le autour du col avec l'élastique noir.

Variante

À la place du sable, les enfants peuvent aussi employer de la terre de différentes couleurs, une occasion de découvrir les richesses de la nature.

Presse-papiers

Voici comment transformer une pierre en presse-papiers !

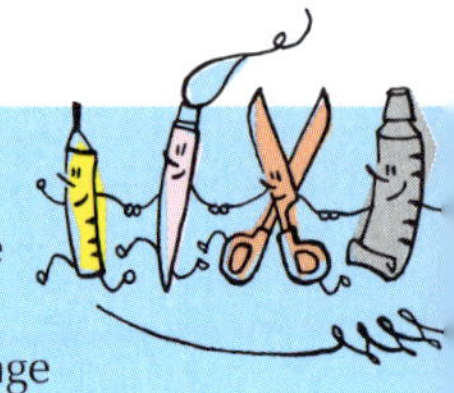

Matériel

- grosse pierre
- carton de couleur orange
- gouaches verte, blanche, noire et rouge
- feutre noir
- plusieurs pinceaux
- ciseaux
- colle universelle

1 Peins toute la pierre en vert.

2 Quand la peinture est sèche, dessine un visage avec des yeux, une bouche et des joues.

3 Place la pierre sur le carton orange et dessine des pétales de fleur tout autour.

4 Découpe en suivant le dessin.

5 Colle la pierre au centre de la fleur.

Un objet qui attire le regard !

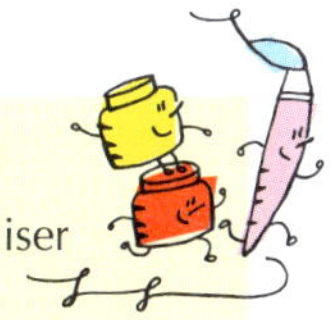

Variante

Tu peux aussi réaliser d'autres figures, un poisson par exemple.

Carillon

Quatre cloches et de nombreuses perles de couleur se transforment en carillon coloré.

1 Dessine un demi-cercle d'un rayon de 8 cm sur le carton à dessin bleu.

2 Découpe-le et colle les deux côtés ensemble, pour obtenir un cône.

3 Coupe quatre bouts de fil de nylon de taille identique et attache une clochette à l'une des extrémités de chaque fil.

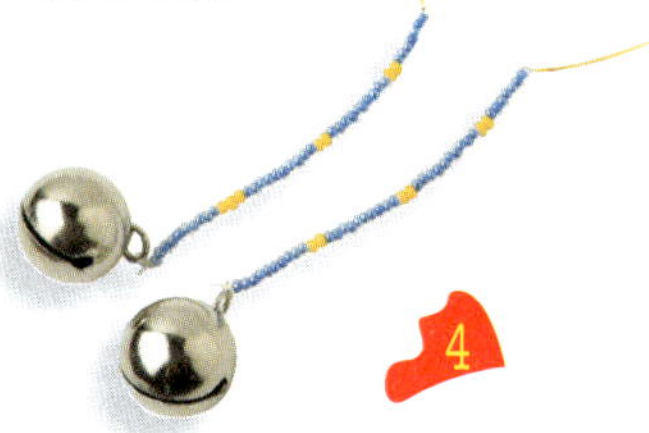

4 Enfile sur deux fils, en alternant, dix perles bleues et deux perles jaunes.

5 Sur les autres fils, enfile en alternant dix perles jaunes et deux perles bleues.

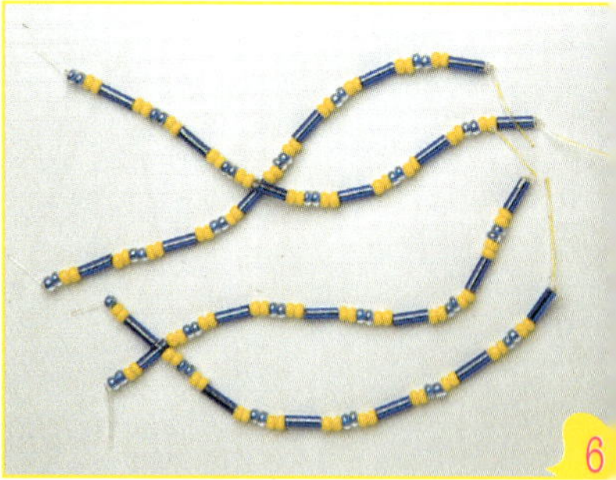

6 Coupe quatre autres morceaux de fil de nylon de même longueur, fais un nœud à chaque extrémité et enfile, toujours en alternant, deux perles jaunes et deux perles bleues.

Matériel

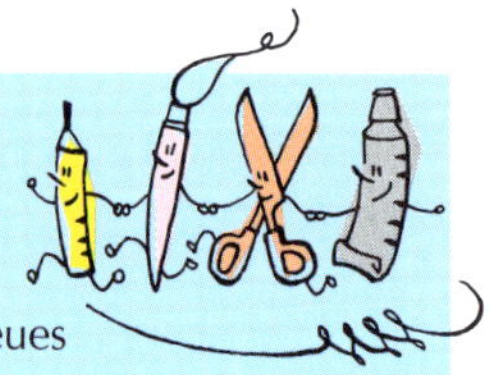

- 4 clochettes
- perles jaunes et bleues
- fil de nylon
- carton à dessin bleu
- laine jaune
- compas
- ciseaux
- ruban adhésif

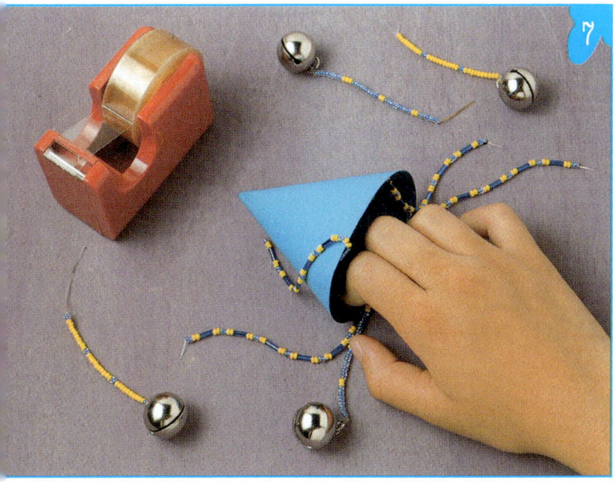

7 Colle les huit cordelettes avec les perles au cône bleu, à l'aide du ruban adhésif, en alternant une cordelette avec une clochette et une sans.

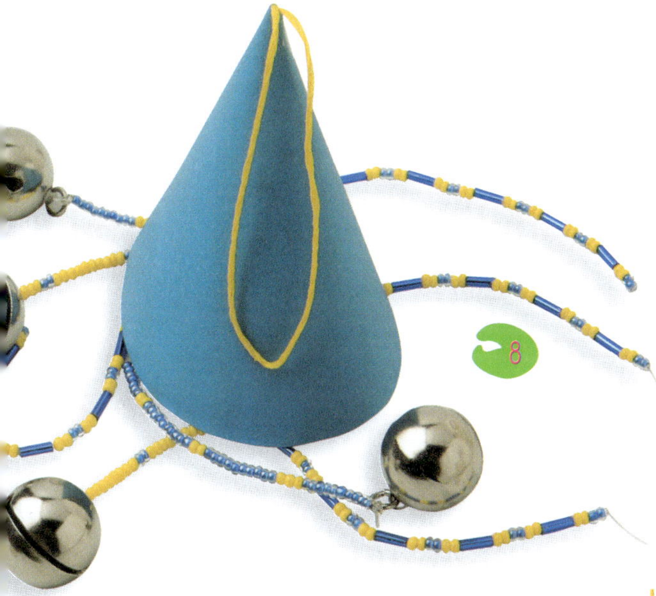

8 Passe un fil de laine jaune à travers la pointe du cône, afin de suspendre le carillon.

Variante

Pour faciliter le travail, remplace le cône en papier par une brochette en bois ou une tige en fer.
Le mobile sera alors horizontal.

Accroché près d'une porte, le carillon tinte dès qu'on entre dans la pièce.

Clown sauteur

Ce clown surgit du verre quand on retire le couvercle.

Matériel

- verre avec couvercle
- éponge de bain rose
- paillettes brillantes vertes
- carton à dessin blanc
- autocollants jaunes en forme d'étoile, de deux tailles différentes
- crayons de couleur
- feutre noir
- ciseaux
- colle universelle

1 Enduis l'intérieur du verre avec de la colle universelle et saupoudre de paillettes.

2 Colle de petites étoiles jaunes à l'extérieur du verre. Décore aussi le couvercle avec une grande étoile.

3 Trace le contour du couvercle sur le carton blanc, pour déterminer la taille du clown.

4 Dessine avec les crayons de couleur un visage de clown à l'intérieur du cercle, puis découpe-le.

5 Découpe une bande dans l'éponge rose, pour qu'elle puisse entrer dans le verre.

6 Colle le visage de clown à l'extrémité de la bande d'éponge.

Ouvre le couvercle et... surprise !

7 Enfonce la bande dans le verre et referme le bocal avec le couvercle.

Variante

Le clown peut aussi être collé sur une petite boîte en carton ou en bois.

Matériel d'emballage

Nous jetons chaque jour bon nombre de boîtes à œufs, de gobelets en plastique, de boîtes de jus de fruits ou de barquettes en polystyrène. Ces récipients ont rempli leur rôle, mais nombre d'entre eux peuvent encore servir et ils conviendront parfaitement aux travaux proposés dans ce chapitre. Nettoyez-les avant de les utiliser.

Ce chapitre contient douze projets simples réalisés à base de matériel d'emballage : une brique de lait se transforme en vache pouvant contenir de nombreux objets, une boîte à œufs devient un palmier, une bouteille en plastique fait office de quille, etc.

Certains projets sont plus faciles que d'autres à réaliser. Il y a trois degrés de difficulté. D'après le stade de développement de l'enfant et selon la taille et la composition du groupe d'enfants, vous pourrez déterminer le projet qui convient le mieux.

Facile !

Moyen !

Plus difficile !

Astuces et techniques

Créer un objet avec des emballages demande un minimum d'imagination.
Les matériaux utilisés dans ce chapitre ne sont que des exemples parmi d'autres. Bien entendu, le pot de yaourt ou la coupe que l'on possède à la maison auront une autre apparence. Le résultat sera par conséquent légèrement différent, mais l'idée de base reste la même.

ouper en morceaux et assembler ensuite

ouper du carton ou du polystyrène n'est pas très facile pour les enfants. e mieux est d'employer du carton fin. Il est conseillé de tracer des ointillés avec le poinçon et de découper ensuite. Un cutter peut aussi tre utile pour ces réalisations, mais il ne doit pas être utilisé par des nfants de moins de 5 ans. Et, de toute manière, jamais sans surveillance. es enfants ne doivent utiliser le cutter que pour découper des couches paisses.

our les travaux proposés, on emploie également de la colle en bâton, de a colle à papier peint, de la colle à bois, de la colle universelle et du uban adhésif. Pour coller du papier et du carton fin, le bâton de colle uffit. Pour les cartons épais, le plastique ou le polystyrène, on peut mployer de la colle universelle ou de la colle à bois.

eindre

our peindre du carton, on peut employer de la peinture à l'eau, de la ouache ou de la peinture acrylique. Pour le plastique ou le polystyrène, n utilisera de la peinture acrylique ou de la gouache. Si la réalisation est ecouverte de vernis incolore, les couleurs garderont plus longtemps leur clat et seront plus brillantes.

out ce qu'on trouve à la maison peut servir à réaliser les projets superbes.

Aquarium

Ce superbe aquarium est créé en un tournemain à partir de deux barquettes en polystyrène.

1 Déchire les papiers de soie en morceaux, délaye la colle à papier peint dans de l'eau et colle à l'aide de celle-ci les morceaux de papier de soie sur une des barquettes en polystyrène.

2 Dessine trois poissons sur l'autre barquette, trace le pourtour avec le poinçon et découpe-les.

Matériel

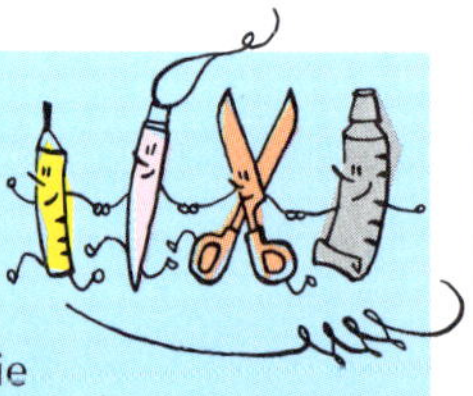

- 2 barquettes en polystyrène
- papiers de soie bleu clair et foncé
- gouaches
- poinçon
- colle à papier peint
- cure-dents
- ciseaux, feutre noir
- plusieurs pinceaux

3 Peins les poissons dans différentes couleurs et décore-les de motifs.

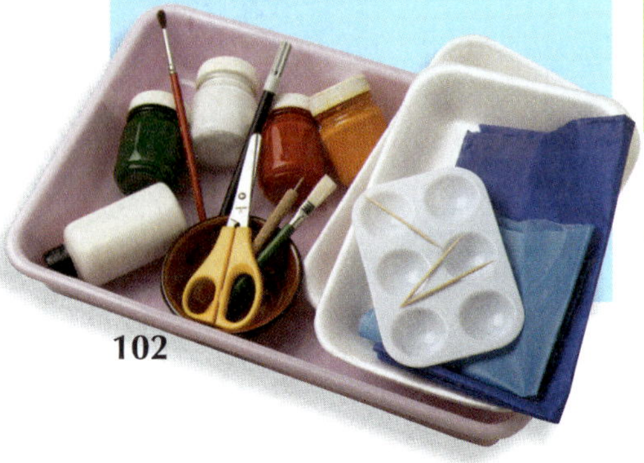

4 Pique un cure-dent dans le dos de chaque poisson.

5 Fixe les poissons sur la première barquette en polystyrène.

Ton petit aquarium est terminé !

Variante

Au lieu des poissons, ton aquarium peut aussi accueillir d'autres animaux, par exemple, une pieuvre.

Vache

Une boîte en carton transformée en vache !

Matériel

- brique de lait
- papier blanc (DIN A4)
- papier cartonné blanc
- bâton de colle
- crayons de couleur
- feutre noir
- cordelette
- poinçon
- ciseaux

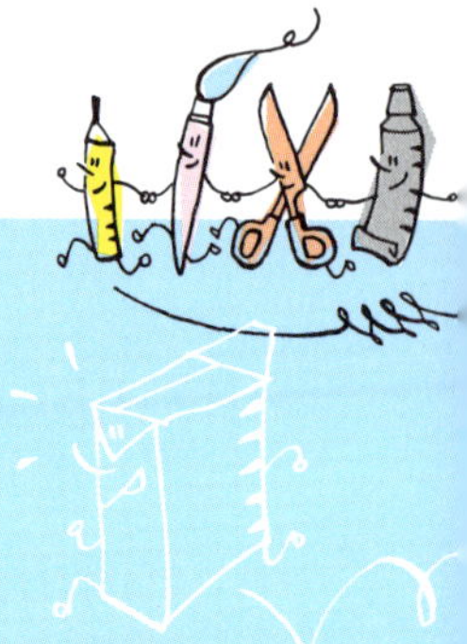

1 Découpe la partie supérieure de la brique de lait.

2 Avec le feutre noir, dessine les taches de la vache sur le papier blanc. Avec le crayon vert, dessine l'herbe.

3 Colle ce papier autour de la brique de lait. Découpe ce qui dépasse.

4 Sur la feuille de carton blanc, dessine l'avant et l'arrière d'une vache.

5 Découpe les deux parties et colorie-les avec le feutre noir et les crayons de couleur.

6 Colle la partie avant et la partie arrière sur la brique de lait.

Voici de quoi ranger de nombreux petits objets !

7 Fais un petit trou dans la partie arrière de la vache et passe un bout de cordelette pour faire la queue.

Variante

Il est bien sûr possible de créer d'autres animaux : un lion, un éléphant…

Palmier

Ce palmier, qui fait penser aux vacances, est réalisé à partir d'une boîte à œufs.

Matériel

- boîte à œufs en carton (pour 6 œufs)
- gouaches verte et orange
- fil de fer vert
- ciseaux
- poinçon
- pinceau

1 Découpe les six cases de la boîte à œufs et perce un trou à l'aide du poinçon dans chaque case.

2 Peins les différentes cases en orange, pour faire le tronc du palmier.

3 Coupe un morceau de fil de fer et passe-le à travers les cases. La première case aura son ouverture vers le bas, la suivante l'ouverture vers le haut et ainsi de suite.

4 Coupe le couvercle du carton en sept bandes étroites et perce un trou à chaque extrémité, pour faire les feuilles.

5 Peins les sept bandes en vert, sur les deux faces.

6 Pour terminer, accroche les feuilles au fil qui sort en haut du tronc. Courbe le fil à son extrémité, de manière que les feuilles soient bien fixées.

Ton palmier ne doit même pas être arrosé !

Variante

Avec trois cases de boîte à œufs, tu peux construire deux petites tours et suspendre un filet entre les deux, pour faire un beau hamac.

Jeu de quilles

Six bouteilles en plastique pour jouer aux quilles !

1 Peins les bouteilles avec des couleurs différentes. Ne peins pas le couvercle.

2 Découpe six bandes dans le papier blanc. Dessine sur chaque bande un chiffre de 1 à 6 avec les crayons de couleur. Fais-les bien grands pour qu'ils soient lisibles.

Matériel

- 6 bouteilles en plastique
- feuille de papier blanc (DIN A4)
- crayons de couleur
- gouaches de couleurs différentes
- ruban adhésif
- boîte à œufs
- pinceau
- ciseaux

3 Fixe les bandes de papier sur les bouteilles en plastique avec le ruban adhésif.

4 Mets la moitié d'une boîte à œufs dans un plat rempli d'eau, pour qu'elle devienne molle (environ 1 h).

5 Forme une boule à partir de cette pâte ; presse-la fermement, pour faire sortir toute l'eau.

6 Peins la boule en vert et décore-la de points.

Variante

Tu peux aussi former la boule avec de la pâte à modeler ou employer une petite balle.

Pour que les quilles soient plus stables, verse un peu de gravier dans les bouteilles.

Mini ciné

Facile de créer son propre cinéma avec du carton !

Matériel

- boîte de carton de taille moyenne, rectangulaire
- fins rouleaux en carton
- feuille de papier blanc (DIN A4)
- gouache ou peinture acrylique jaune
- feutre noir
- crayons de couleur
- pinceau
- ruban adhésif
- poinçon
- ciseaux
- règle

1 Peins le côté extérieur de la boîte en jaune.

2 Dessine la toile avec le feutre et la règle. Trace le pourtour avec le poinçon et découpe-le.

3 Trace un petit cercle à chaque extrémité du côté allongé de la boîte.

4 Perce les cercles pour pouvoir y passer les rouleaux fins.

5 Glisse les deux rouleaux dans les trous, de manière que les extrémités dépassent.

6 Découpe le papier blanc en deux et, à l'aide de ruban adhésif, relie les deux moitiés le long de leur côté étroit.

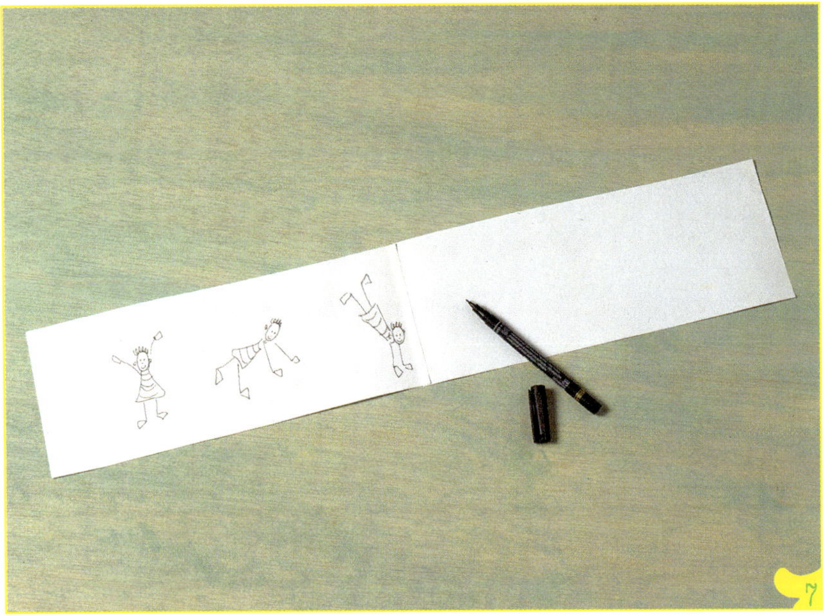

7 Dessine une série d'images sur ces bandes de papier, pour créer une histoire.

8 Colorie les images avec les crayons de couleur (conserve les mêmes couleurs pour chaque scène).

9 Colle une extrémité avec du ruban adhésif à un rouleau, à l'intérieur de la boîte.

10 Tourne ce rouleau et enroule le papier, de manière que l'extrémité libre puisse être collée au second rouleau.

La représentation peut commencer ! Quel film joue-t-on ce soir ?

Variante

En inventant de nouvelles scènes, tu peux présenter des films à l'infini.

Tampons

Ces tampons personnalisés embellissent des cartes de vœux ou du papier cadeau.

Matériel

- 1 barquette en polystyrène
- 5 bouchons de liège
- feuille de papier blanc (DIN A4)
- feutre rouge
- gouaches de différentes couleurs
- crayon noir
- pinceau
- poinçon
- bâton de colle ou colle à bois
- ciseaux

1 Découpe quatre carrés dans le polystyrène (dessine-les d'abord avec le poinçon en pointillés et découpe-les ensuite avec les ciseaux). Avec le feutre, trace un chiffre de 1 à 5 sur chaque carré. Tu dois écrire les chiffres à l'envers, comme si tu les voyais dans un miroir.

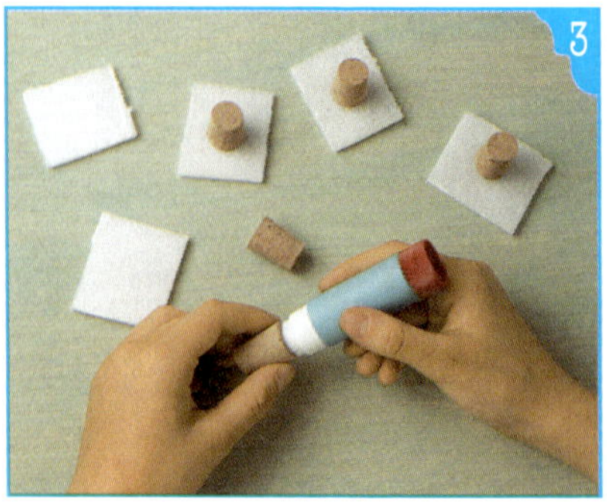

2 Repasse sur les chiffres avec le crayon en appuyant fortement pour qu'une marque se forme dans le polystyrène. Décore le bord avec le poinçon.

3 Colle un bouchon à l'arrière de chaque carré.

4 Peins chaque tampon au pinceau, avec une couleur différente.

5 Presse les tampons sur une feuille de papier blanc.

Utilise de la peinture pour textile pour décorer des tee-shirts.

Variante

Les chiffres peuvent être remplacés par d'autres motifs : des fleurs, des bateaux, des lettres…

Accordéon

Cet accordéon ne produit aucun son, mais il est quand même très joli.

1 Peins la boîte en rouge, sur toutes les faces. Lorsqu'elle est sèche, décore le bord extérieur avec une couronne de triangles blancs et de points verts.

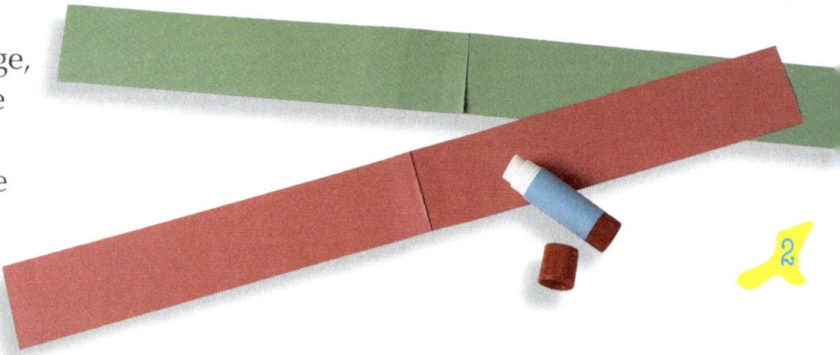

2 Découpe deux bandes dans le papier rouge, elles ne doivent pas être plus larges que le bord de la boîte. Colle les extrémités des bandes l'une à l'autre. Fais la même chose avec deux bandes vertes.

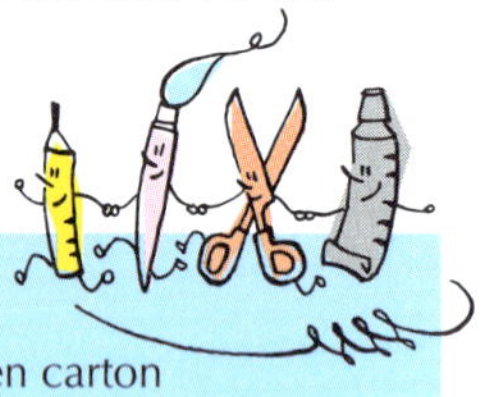

Matériel

- boîte ronde en carton (de camembert, par exemple)
- papiers rouge et vert (DIN A4)
- 2 bouchons de liège
- gouaches rouge, blanche et verte
- pinceau
- ciseaux
- bâton de colle
- colle universelle
- règle

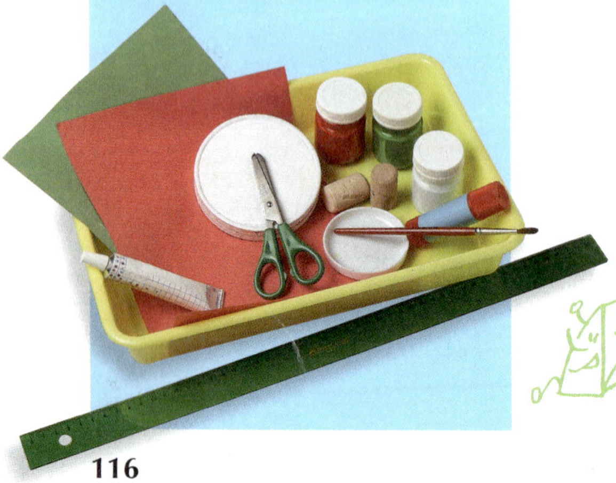

3 Colle l'extrémité de la bande verte verticalement par rapport à la bande rouge et plie les deux bandes alternativement pour obtenir un accordéon.

4 Colle une extrémité à l'intérieur du couvercle de la boîte, l'autre dans le fond.

5 Peins les bouchons de liège en vert. Laisse un bout sans peinture.

6 Colle les bouchons avec de la colle universelle sur la face extérieure du couvercle et du fond. Ce seront les poignées.

Et maintenant, en avant la musique !

Variante

L'accordéon peut être transformé en toupie : ferme la boîte et fais-la tourner rapidement sur un des bouchons.

Avion

Facile de construire ou de piloter un avion !

Matériel

- rouleau vide de papier de cuisine
- boîte à œufs
- carton
- gouaches jaune, verte, blanche et noire
- feutre noir
- poinçon
- plusieurs pinceaux
- ciseaux

1 Dessine les ailes et les ailerons de l'avion dans le carton.

2 Sur le rouleau, dessine les endroits où les ailes et les ailerons devront être enfoncés. Marque-les avec le poinçon et découpe-les ensuite.

3 Glisse les ailes et les ailerons dans les entailles prévues.

4 Découpe soigneusement une des cases de la boîte à œufs.

5 Glisse-la à l'avant du rouleau et fixe-la éventuellement avec du ruban adhésif.

6 Peins l'avion en jaune et décore-le en vert selon ta fantaisie.

7 Dessine les fenêtres et peins-les en blanc et noir.

Ton avion est prêt à s'envoler !

Variante

Avec plusieurs avions, tu peux créer un beau mobile.

Chapeau pour deux

Voici une astuce pour créer deux personnages à la fois.

1 Peins le pot de yaourt en vert, pour faire le chapeau pour les deux personnages.

2 Décore le pot de yaourt une fois sec avec des points blancs et rouges.

Matériel

- rouleau de papier toilette
- papier blanc (DIN A4)
- pot de yaourt vide
- gouaches verte, rouge et blanche
- crayons de couleur
- feutre noir
- pinceau
- bâton de colle
- ciseaux

3 Découpe la feuille de papier blanc pour qu'elle s'adapte à la hauteur du rouleau. Dessine deux visages sur la feuille de papier : l'un regarde vers le haut, l'autre vers le bas. Vois avec le chapeau jusqu'à quelle hauteur tu peux dessiner les visages.

4 Colle le papier avec les deux visages sur le rouleau.

5 Place le pot de yaourt sur l'un des deux visages, en guise de chapeau.

Ce chapeau a deux visages différents.

Variante

Tu peux employer les personnages comme des marionnettes à enfiler sur les doigts. Il suffit d'enfiler un bas sur la main pour donner une robe aux poupées.

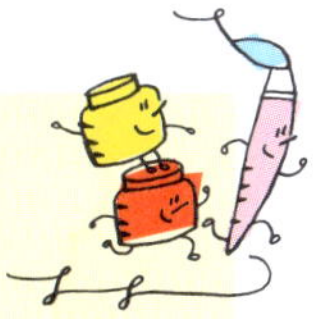

Sac à main

Réalise un sac à main avec une brique de lait en carton.

Matériel

- brique de lait en carton
- feuille de papier lilas
- intercalaire vert en plastique
- carton à dessiner jaune
- bande de fermeture velcro
- gouache verte
- feutre noir
- pinceau
- ruban adhésif
- bâton de colle
- ciseaux

1 Découpe un long côté étroit de la brique de lait.

2 Découpe une bande de papier lilas et colle-la autour de la boîte, sauf sur le côté vide.

3 Dessine le rabat du sac sur le carton jaune et découpe-le.

4 Décore le bord extérieur du rabat avec des points verts.

5 Fixe le rabat sur la boîte en carton à l'aide du ruban adhésif.

6 Découpe le bord perforé de l'intercalaire vert (avec les trous) et colle-le avec du ruban adhésif pour faire l'anse du sac.

7 Colle un morceau de ruban velcro au sac et au rabat, pour qu'il puisse bien se fermer.

Un joli sac pour les jeunes demoiselles !

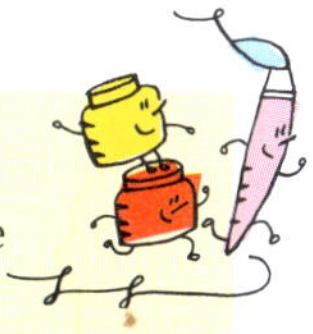

Variante

Le carton peut être recouvert d'un morceau de tissu.

Ours

Un ours sympa pour décorer la porte de ta chambre.

1 Dessine une tête d'ours sur le carton orange et découpe-la.

2 Dessine la bouche, les joues et les yeux à l'aide du feutre noir et du crayon de couleur rouge.

Matériel

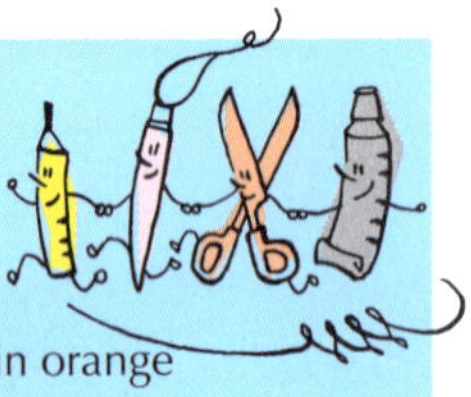

- petit pot en plastique marron
- carton à dessin orange
- barquette en polystyrène
- feutre noir
- crayon de couleur rouge
- ciseaux
- bâton de colle
- colle universelle

3 Dessine ensuite les oreilles de l'ours sur la barquette en polystyrène et découpe-les.

4 Colle les oreilles sur le carton à dessin.

5 Découpe les coins du pot, puis colle-le retourné au milieu du visage, pour faire le museau de l'ours.

Cet ours souriant t'accueille à l'entrée de ta chambre !

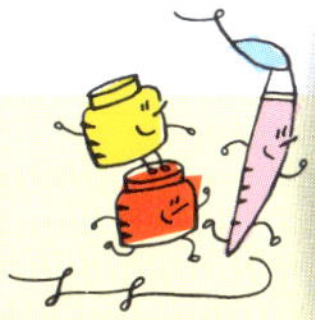

Variante

En choisissant des couleurs et des formes de pots différentes, tu peux réaliser des animaux différents.

Pot avec fleur

Une belle fleur tout en plastique !

Matériel

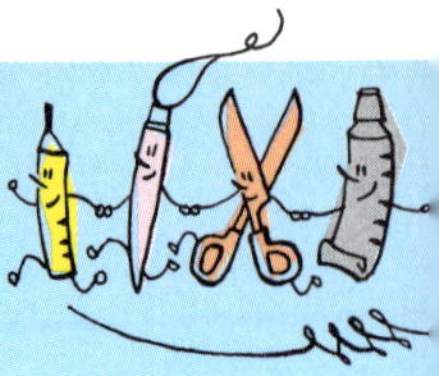

- bâtonnets de glace (ou bois de bricolage)
- gobelet transparent
- gobelet rouge
- intercalaire jaune en plastique
- paille
- feuille de papier vert
- gouaches jaune, rouge et verte
- feutre rouge
- pinceau
- colle universelle
- ruban adhésif
- ciseaux

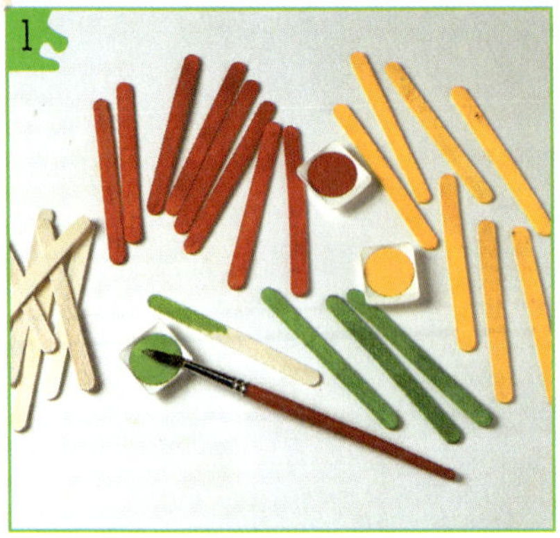

1 Peins les bâtonnets en vert, en rouge et en jaune, ou achète-les colorés.

2 Colle-les sur le gobelet transparent jusqu'à ce qu'il soit complètement recouvert. Alterne les couleurs.

3 Dessine le diamètre supérieur du gobelet sur l'intercalaire jaune et découpe le cercle.

4 Fais une petite entaille au centre.

5 Pour la fleur, découpe le gobelet rouge en bandes. Arrondis-les et plie-les vers l'extérieur.

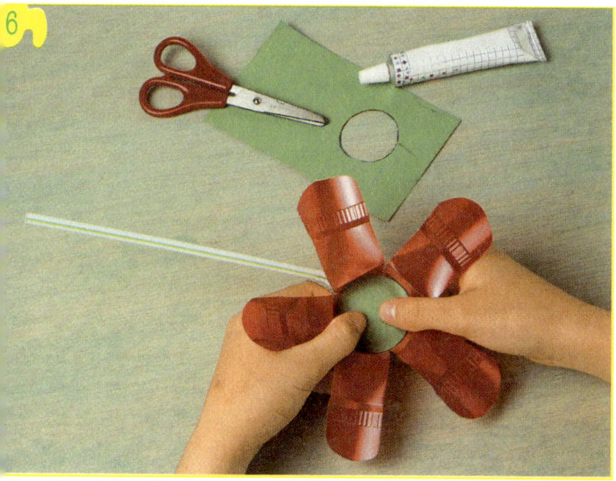

6 Dessine un cercle sur le papier vert, découpe-le et colle-le au centre du gobelet rouge.

Une jolie fleur colorée pour égayer la pièce !

7 Fixe la paille avec du ruban adhésif sur le fond du gobelet rouge. C'est la tige de la fleur.

8 Place l'autre extrémité de la tige dans l'entaille de l'intercalaire jaune.

Variante

Ce gobelet peut aussi servir de verre à brosses à dents. Glisse quelque chose de lourd à l'intérieur, pour qu'il ne se renverse pas.

Index